サクッとわかる ビジネス教養

# お金の基本

杉山敏啓 監修
江戸川大学 教授

新星出版社

# はじめに introduction

## 選択肢が広がった金融サービスを上手に活用する「自助の時代」！

新型コロナウイルス禍で急ブレーキがかかった経済活動が、アフターコロナでV字回復して、物価の上昇が世界的な課題になっています。物価が上がり続けるインフレ社会では、私たちが一生懸命貯めてきたお金で、将来的に買えるものが減ってしまいます。私たちの老後の備えの目減りを防ぐために、金融資産形成のあり方を見直すなど、お金に関する備えへの関心が高まっています。

かつての日本では、金融に関する諸規制が敷かれていました。利用者にはあまり選択肢がなく、お金の運用手段といえば預貯金が主役でした。金利が高かった時代はそれでよかったのかもしれませんが、今はわずかな利息しかつきません。

こうした状況の下で「貯蓄から資産形成へ」のスローガンが掲げられ、個人金融資産をもっと有利に運用して、お金をつくることの重要性が叫ばれています。高齢化社会で低迷する勤労所得を、金融所得で補うためです。個人金融資産の有効活用をしやすくすることを念頭においた大規模な金融規制緩和「金融ビッグバン」は完了して久しく、最近ではスマートフォンをはじめＩＴの普及とも相俟って金融サービスはますます身近になり、利用者の選択肢は格段に広がりました。

私たち個人生活者が、多種多様な選択肢の中から自分に合った金融商品・サービスや金融機関を選んで利用するためには、お金に関する基礎的知識（金融リテラシー）が必要です。お金の知識があれば、老後資金を計画的に運用して準備できたり、賢くローンを利用できたり、知識不足による保険の入りすぎを回避できたりするなど、実質的なメリットが得られます。お金の知識が、生活の豊かさを左右するといっても、決して過言ではありません。

本書は、お金の知識を基本的なところから学びたいという読者の期待に応える入門書です。金融・ファイナンスと聞くと難しく感じますが、イラストを活用した平易な解説によって手軽に理解できるのが本書のうりです。読者の皆様が、お金の知識を楽しみながら身につけて、「知らなかった」に起因する不安や誤解を解消するとともに、ライフプランの検討に活かしていただきたいと思います。

江戸川大学教授　杉山敏啓

サクッとわかるビジネス教養

# お金の基本 CONTENTS



## Chapter 1 Money Basics

## まず知っておく お金の基礎知識

Chapter 2
Money Basics

## 意外と知らない 税金・社会保険・年金

Chapter 3 Money Basics



## お金を上手に 稼ぐ・貯める・増やす方法

本書は特に表記がない限り、2023年9月時点での情報を掲載しています。本書の利用によって生じる直接的、間接的被害等について、監修者ならびに新星出版社では一切の責任を負いかねます。あらかじめご了承ください。

STAFF
デザイン・DTP　田中由美
イラスト　横井智美
編集協力　和田秀実、㈲クラップス

Topics
コレがお金の新常識！

お金はこう変わる

# これからはお金の知識が絶対に必要！

昔なら…
いい大学を出て…
いい会社に入れば…
一生、お金の心配なし!


## お金の基本的な知識は必須スキル！

昔は、いい大学を出て、いい会社に就職すれば一生安泰。お金の心配をすることはありませんでした。

しかし、いまはそうではありません。

年功序列の給与体系が崩れ、年を重ねても給与は上がりにくくなりました。

少子高齢化により年金の支給額は年々減る一方で、人生100年時代となり、定年後に必要なお金は1000万円超ともいわれます。

さらに物価は上がるのに賃金

年金額が
減少
人生100年時代
給与が
増えない
給与
ところが、
いまは…
新型コロナの
影響など
会社の
倒産・解雇
お金の不安がいっぱい!
これからでも
勉強すれば大丈夫!

はそれほど上がらないなど、時代が大きく変わることによって、お金の不安もいっぱいになりました。

とくに、老後のお金をどうするかは大変重要です。

これらを乗り越えるためには、お金の知識を身につけ、行動していかなければなりません。現代社会を生きるうえでは、お金の知識がないと、とても苦労することになるからです。

しかし、私たちはお金について義務教育で習いません。でも、学校で習わなかった部分は、自分で勉強すれば十分にキャッチアップできます。これからでも十分に間に合うのです。

お金はこう変わる

# これからの世の中、キャッシュレス化は歴史の必然！

**不換紙幣**

金貨や銀貨と
交換できない紙幣

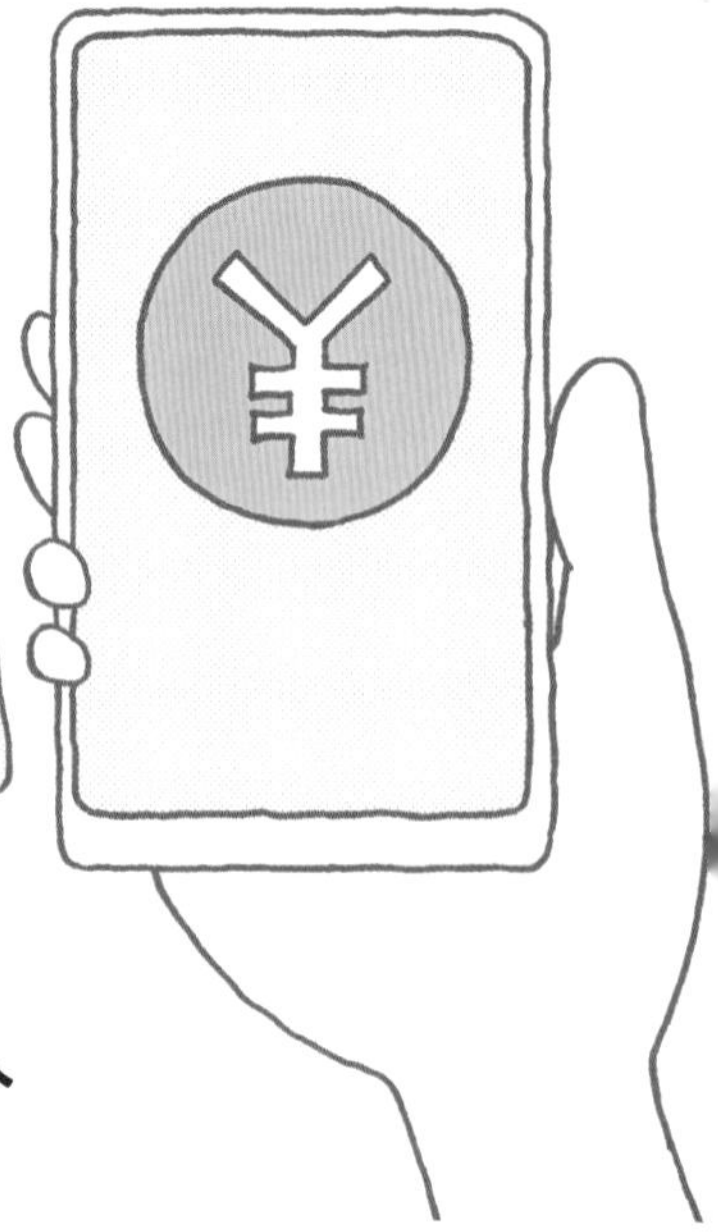

## 電子マネーや デジタル通貨の時代へ

➡中央銀行デジタル通貨（CBDC）の実証実験が進んでいる。

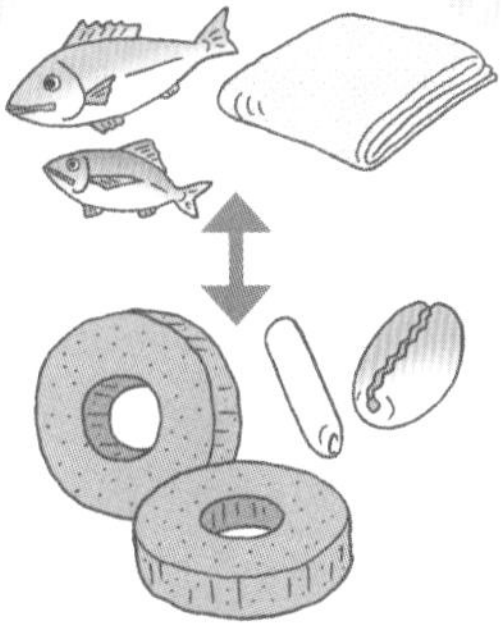

**物品貨幣**
貝がらや石、布などのモノ

**金属貨幣**
金属でつくられた貨幣

**兌換紙幣**
金貨や銀貨と
交換可能な紙幣

## 電子マネーやデジタル通貨へ

私たちの生活では、いろいろなものがアナログからデジタルへと進化しています。

それは「お金」についても例外ではありません。

お金が、物品貨幣から金属貨幣、兌換紙幣、不換紙幣へ、そして電子マネーやデジタル通貨へと進化することは、歴史の必然といえます。

例えば、10年後の世界に住む人から見れば、いま私たちが紙や金属の現金を使っている姿は、とても原始的に映ることでしょう。

お金はこう変わる

# 健康保険や年金など社会保障の不足分は自分で補う必要あり！

本人負担額
UP!

### ¥ 元気で働ける間に老後資金をつくる！

私たちの生活は健康保険制度や年金制度といった公的な社会保障（公助）で守られています。

しかし日本では今後も少子高齢化が進むことが確実視されて

おり、将来的には**健康保険制度では本人負担割合の引上げが**、**年金制度では支給額の引下げが**行われる可能性があります。給与から天引きされる社会保険料も上がり続けています。

社会保障制度の財源の柱である消費税の税率も将来引き上げられる可能性は十分にあります。私たちが将来の人生設計を考える際には、これらのことも織り込んでおく必要があるのです。

将来、自分が受けられる社会保障の内容を理解して、必要な自助を準備しましょう。元気に働ける間に老後資金をつくることは、最高の防衛手段です。

お金はこう変わる

# いままで無料だった銀行口座の取引手数料に注意！

手数料ゼロでは…
BANK
やっていけません
時代の流れだね

## 口座の維持に年間手数料がかかる！

これまで金融機関では預金口座の開設や記帳、窓口での入出金、無料時間帯のATM（エーティーエム）入出金には手数料がかかりませんでした。私たちは当然のライフラインのように手数料無料で預金口座の取引をしていました。

昔は預金が集まれば銀行は儲かっていたため、銀行にとっても手数料無料で預金を集めることは一定の合理性があったのです（☞P50）。

しかし2016年2月から日本銀行（にっぽんぎんこう）※がマイナス金利政策に移行。そのため銀行が預金を集め

※預け入れたお金を返してもらうときに、もらう金利がマイナス、つまりお金が減って返ってくること。

**例えば三菱UFJ銀行では
新規口座開設分で
2年間取引がないと
年間手数料1,200円+税が課される**

ても、その資金を運用した儲けはかなり減ってしまいました。銀行としても預金口座の取引を無料で提供していくことが難しくなったのです。

今後は預金口座に年間手数料を課したり、無料だった取引を有料化する取組みが増えることが予想されます。

預金口座取引に年間手数料がかかるようになると、銀行に預金を預けておくと時間とともに残高が目減りしてしまいます。

預金者は手数料がかからないように取引を行い、残高や利用がほとんどない預金口座は早めに解約しておくべきでしょう。

# 増やす！

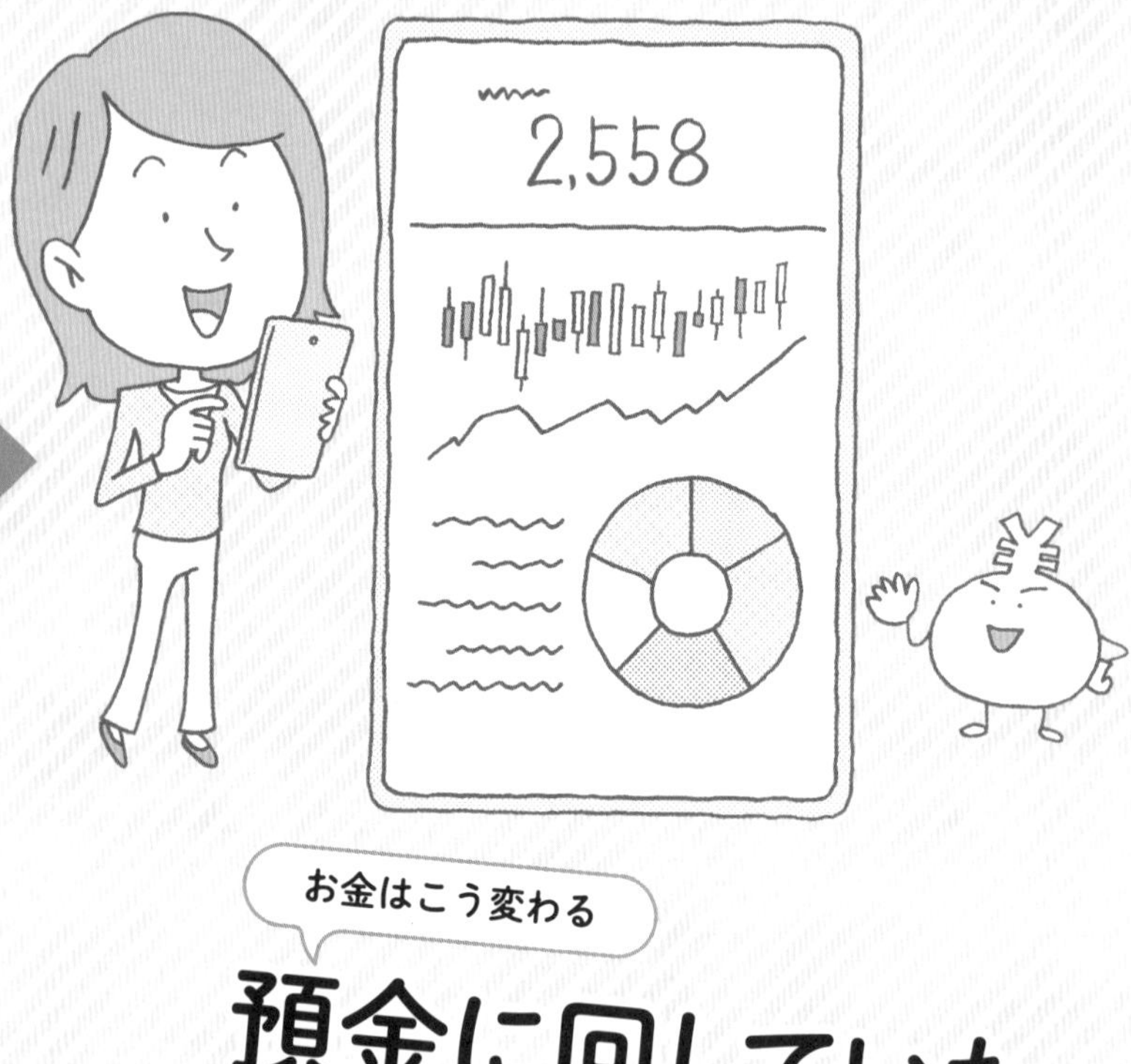


お金はこう変わる

# 預金に回していたお金の積極的な活用を考える！

## リスク金融資産はインフレに強い！

日本人は預金が好きといわれます。家計の金融資産に占める現預金の割合は米国が約13％、英国が約27％であるのに対して、日本の預金の割合は約55％と突出して高い水準です。[※1]

欧米の家計の金融資産では株式（☞P118）・投資信託（☞P130）の構成比が高く、財産形成において「リスク金融資産（☞P112）」が積極的に活用されています。

円預金の金利は低下しており、最近の一般的な定期預金金利は0.002％です。他方、日本の株式平均利回りは2.25％です。[※2] 株式や株式投資信託には損をするリスクはありますが、値動きをしつつも平均的には預金を大きく上回るプラスのリターンを実現しています。

リスク金融資産は現金とは違ってインフレ（☞P38）に強い性質がある点も見逃せません。

世界の人口は今後ますます増加します。人口が増えて消費が旺盛になれば、限りある資源の奪い合いとなり、モノの値段は上がりやすくなります。日本国内でもモノやサービスの値段に影響し、物価が上昇し続けるインフレ時代がやってくるかもしれません。

将来の財産形成にあたっては、インフレ時代にも価値が目減りしにくい金融資産を活用することが合理的といえます。

※1 「資産所得倍増に関する基礎資料集」（内閣官房）による。
※2 2023年8月の東証プライム市場の加重平均。

お金はこうつくる

# 手軽にできる借金は資産づくりの大敵！

お金を増やしたいなら、まず心がけてほしいのが「借金はできるだけしない」こと。いまは手軽に借金ができる時代ですが、お金を借りれば必ず「利息（☞P40）」が発生します。借りた額より多く返さなくてはならないのですから、借金は資産づくりにとって大敵です。

クレジットカードやカードローンのキャッシングは借金そのもの（☞P54・60）ですし、ほかにも金利や手数料がかかるサービスはできるだけ利用しないことが、お金づくりの基本姿勢です。

ただ、住宅ローンなど生活に必要で、資産になる借金は例外です。

お金はこうつくる

# まずしっかり貯金する。貯金は天引きが一番！

資産づくりの基本の2つめは**「しっかり貯金する」**こと。確実にコツコツ貯金を増やすには**「毎月天引き」**が一番。つまり収入から支出を差し引いた残りを貯金するのではなく、**収入から先に貯金を差し引き、残りを支出にあてる**という考え方です。

例えば、会社に**財形貯蓄制度**（☞P110）**がある場合はぜひ利用しましょう**。毎月の給与から一定額を強制的に天引きしてくれるので、いつの間にかお金が貯まります。なお、財形制度を利用できない人は、**銀行の自動積立預金**などを利用しても同様の効果が得られます。

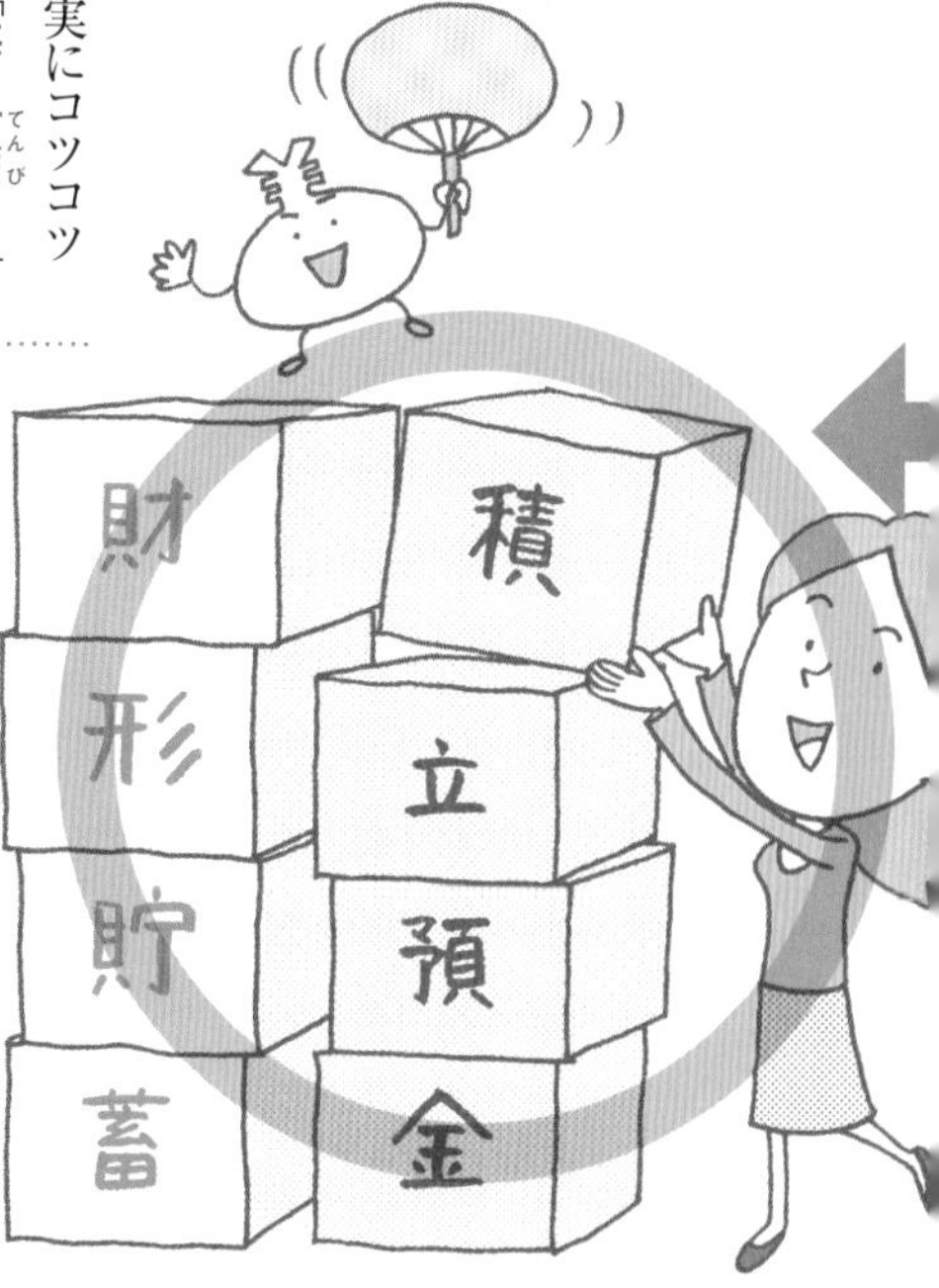

お金はこうつくる

# お金は貯めるだけでなく「働いて」もらう！

預金をしても、なかなか増えません。17ページでふれたように、最近の銀行預金の利息は、ごくわずかだからです。

これからのお金づくりは、働いて得た収入の一部を貯めるだけでは足りません。

**お金に「働いて」もらう、つまりお金を運用する**（資産運用☞P112）ことも必要になってきます。

手元にある余裕資金の一部を株式や投資信託への**投資に回して、そこから収益を得ていくこと**も考えていきましょう。

お金はこうつくる

# 節税効果がある NISAやiDeCoを優先する！

金融資産を運用して得られる利子や配当金、譲渡益などには税金がかかります。税率は20・315％です。税金は資産運用の大きなコストなので、資産運用は節税効果があるものを優先して取り組みましょう。

**NISA口座**（☞P142）は非課税扱い。配当金や株式の値上がりなどから得る譲渡（売却）益に対して、税金は一切かかりません。

また**iDeCo**は運用の「成果」が非課税になるうえ、運用（拠出）した「資金（掛金）」の全額が所得控除（☞P146）されるメリットがあります。

Money Column

# お金は理想の人生を送るための「道具」にすぎない!

あなたにとって**「人生の目的」**は何でしょうか。

おそらく、人それぞれだと思いますが、「お金を増やすことが人生の目的だ」という方はいるでしょうか。

もちろん、お金をもつこと自体が、いろいろな意味で余裕や安心感をもたらすのは事実でしょう。財産を子孫に相続させることを、大事な人生の目的であると考える方もいるかもしれません。

ただ、多くの人にとって、お金はそれ自体が「目的」ではなく、何かを買ったり、サービスを受けたりするための「手段」ではないでしょうか。

**お金は、理想の人生を送るための「道具」にすぎません。**道具のために目的を犠牲にしてしまっては、本末転倒です。

お金は大事ですが、お金のことで頭の中を24時間占領されては、せっかくの楽しい時間を過ごす機会が減ってしまいます。**お金に従属（じゅうぞく）しすぎてはいけません。**世の中にはもっと楽しいことがいろいろあります。

**お金は、人生を過ごすための手段であると考えて、**使うときには気持ちよく使うものであると、心がけるとよいでしょう。

お金の知識を
身につければ安心!
さあ学んでいこう!

Chapter

1

Money Basics

＼まず知っておく／

# お金の基礎知識

# 1万円札には なぜ「1万円の価値」がある?

10000
日本銀行がそういうなら信じるよ!


POINT 1

## お金の価値は日本銀行が決めている!

1万円札の製造原価は数十円ですが、日本の「中央銀行」である日本銀行が『1万円の価値がある』と決めて、みんながそれを信じているので、1万円の価値で取引されています。

### 中央銀行とは

各国・地域のお金の取引の中心的な役割を果たす金融機関。通貨やお金の調達の調整（金融政策）を行い、物価や景気を安定させます。アメリカの中央銀行は「FRB（連邦準備理事会）」、ユーロ圏19ヵ国は「ECB（欧州中央銀行）」、中国は「中国人民銀行」という機関です。

日本銀行
このお札は
1万円の価値が
あります!
ホントはお札を
つくるコストは
もっと安いけどね
10000
日本銀行券
壱万円
日本銀行

POINT 2

## お札は「法貨」で強制通用力がある!

お札（紙幣）は法律により「法貨」と定められ、決済手段として通用する効力をもちます。つまり、お札での支払いは拒否できません。これを法貨の「強制通用力」といいます。

POINT 1

# お金の価値は日本銀行が決めている！

## お札も硬貨（コイン）も製造原価は安い

１万円札や５千円札など、お札の製造原価（材料費と人件費、諸経費の合計）は１枚数十円（推定。以下同）。また主に銅でつくられる10円玉の製造原価は１枚十数円。
アルミニウム製の１円玉は１枚3～５円でつくられています。

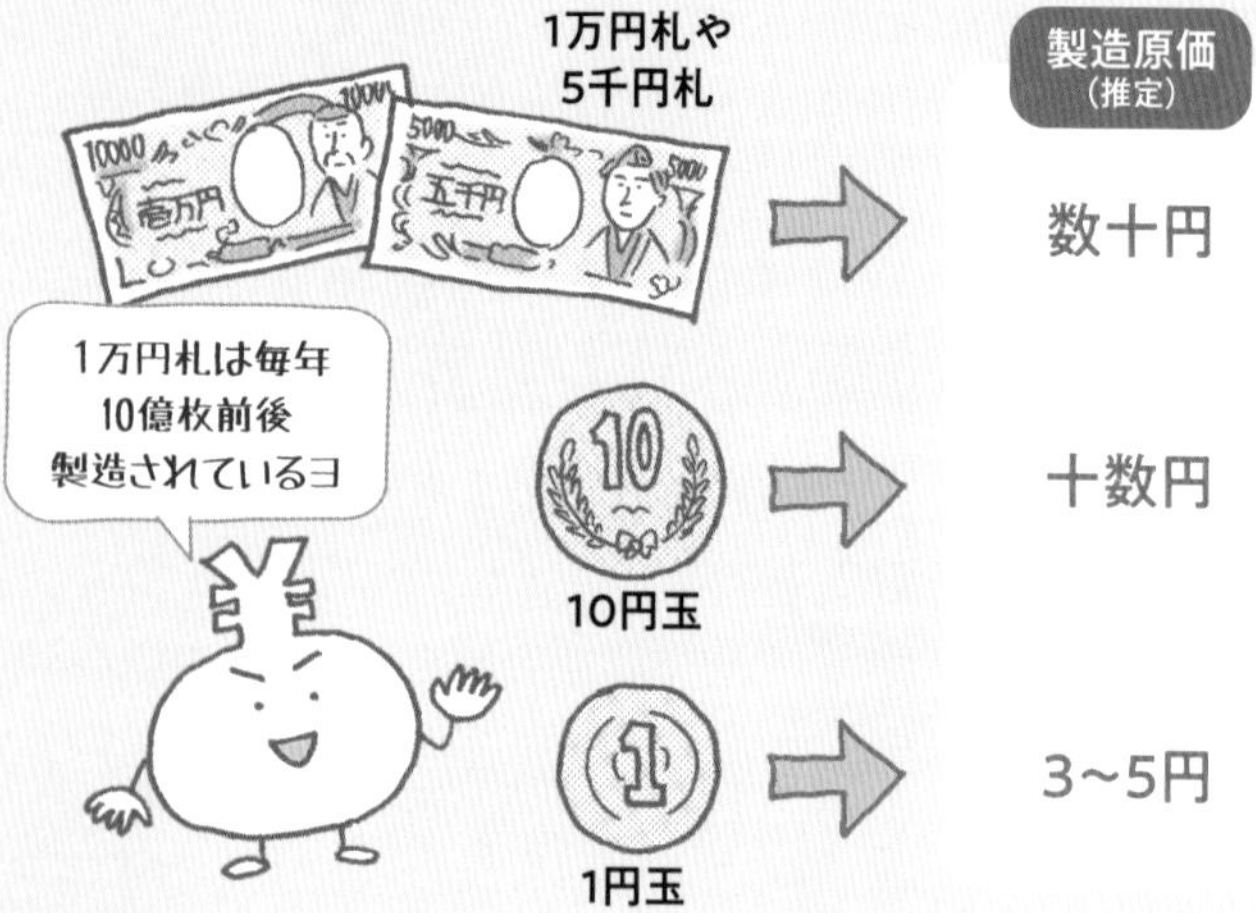


私たちがふだん使っているお札（紙幣）は、正しくは「銀行券（日本銀行券）」といいます。また100円玉などの硬貨（コイン）は、法律的には「貨幣」と呼びます。

1万円札などをつくるのにかかる**製造原価は1枚につき数十円程度といわれます**。それなのに1万円札が1万円の価値をもつのは、わが国の中央銀行である日本銀行（日銀）が「このお札には1万円の価値がある」と決めているからです。

それを私たちが信じて疑わないため、1万円札には1万円の価値があるのです。

# POINT 2 お札は「法貨」で強制通用力がある!

## 硬貨は1種類につき一度に20枚までしか使えない

法律で「貨幣は、額面価格の20倍までを限り、法貨として通用する」とされています。つまり貨幣（硬貨：コイン）は1種類につき一度に20枚までが強制通用力の限界です。

そのため、例えば1億円の家を購入する際に、現金で千円札を10万枚出して買うことは可能ですが、500円玉20万枚を出して買うことはできません（法貨の通用限度を超える）。

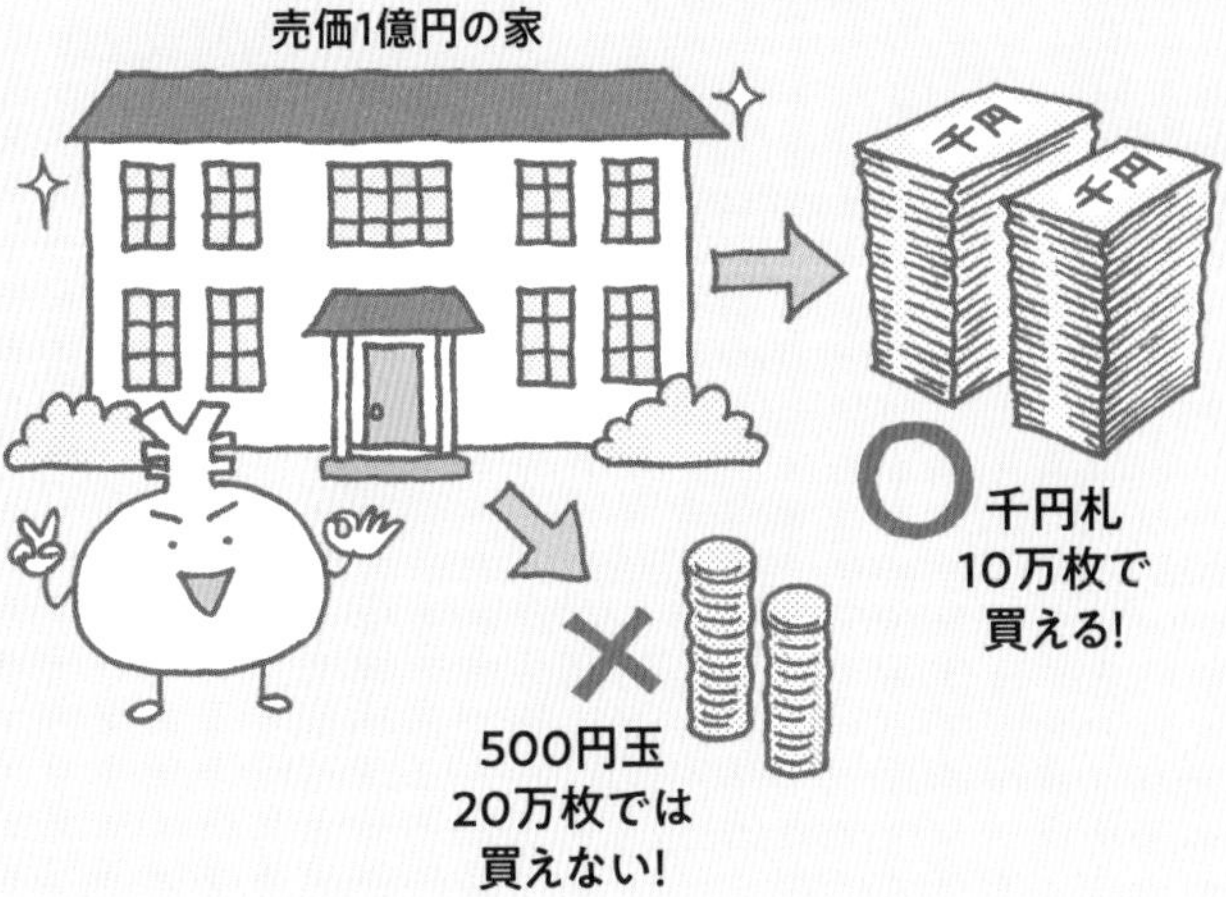


日本銀行が発行する銀行券は、法律によって定められた法定通貨（法貨）として無制限に通用する——として、お札は日本銀行法により無制限の「強制通用力」があることが定められています。

そのため、さまざまな取引での支払い（決済）の手段として、1万円札や5千円札などのお札は、原則、一度に何枚でも使うことができます。

一方、500円玉などの硬貨は、1種類につき一度に20枚までしか使えません。それ以上は受取りを拒否することもできます。

# なぜお金さえ払えば何でも売り買いができる？

通貨
①価値の尺度
②取引や支払いの手段
③価値の貯蔵手段
10000
○△銀行
どんなモノやサービスとも交換できる手段が必要
交換して
いやだ

POINT 1

## 通貨には3つの機能がある！

通貨（お金）は、①モノやサービスの価値の尺度となり、②そこから取引や支払いの手段となり、③将来のために貯蔵しておくことができます。

**預金は取引、支払いに使える**

### 現金通貨と預金通貨

現金通貨にはお札と硬貨があります。預金通貨とは普通預金や当座預金などのことです。

**だから**

## 通貨＝現金＋預金

POINT 2

### 通貨とは「現金＋預金」のこと!

通貨（お金）とは現金だけを指すのではありません。現金と預金を合わせたものが通貨です。

## POINT 1 通貨には3つの機能がある!

### 「価値の尺度」をはじめとする3つの機能

通貨（お金）がもつ機能のうち最も重要なのは「①価値の尺度」となることです。この機能があるからこそ「②取引や支払いの手段」となる機能、「③価値の貯蔵手段」となる機能が働きます。

**① 価値の尺度**

この指輪は
○○万円!

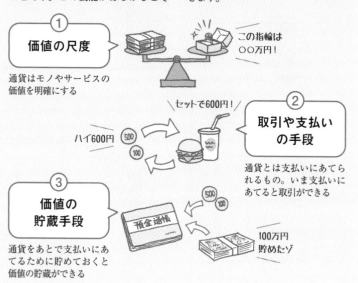

通貨はモノやサービスの価値を明確にする

**② 取引や支払いの手段**

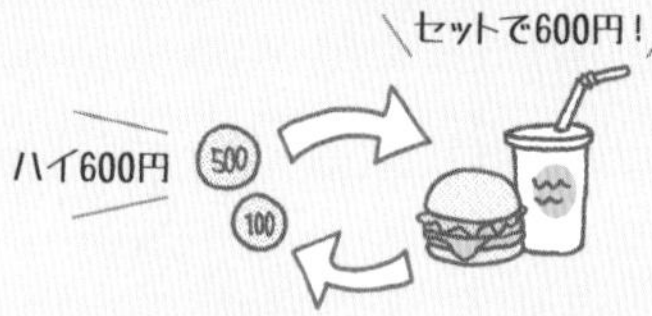
セットで600円!
ハイ600円
500
100

通貨とは支払いにあてられるもの。いま支払いにあてると取引ができる

**③ 価値の貯蔵手段**

預金通帳
500
100
100万円
貯めたゾ

通貨をあとで支払いにあてるために貯めておくと価値の貯蔵ができる

**通**貨には📌3つの機能があります。

まず基本となるのが「価値の尺度」です。100円、200円など通貨の単位で示されることにより、それらの比較ができます。その結果、誰でも明確にモノやサービスの価値を知ることができます。

この機能があるからこそ、通貨は「取引や支払いの手段」になり、貯めておけば「価値の貯蔵手段」にもなるのです。

物価が上がったり下がったりすると、価値の尺度が揺らいでしまいます。そうなると経済的な取引が正常にできなくなるので、物価の安定は重要です。

POINT 2

# 通貨とは「現金＋預金」のこと！

## マネーストックであらわすマネーの範囲

通貨は１万円札や500円玉のように目に見えるものだけではありません。金融機関の預貯金のうち、流動性が高く、支払機能をもつ、普通預金や当座預金などの「要求払い預金」も通貨の仲間です。

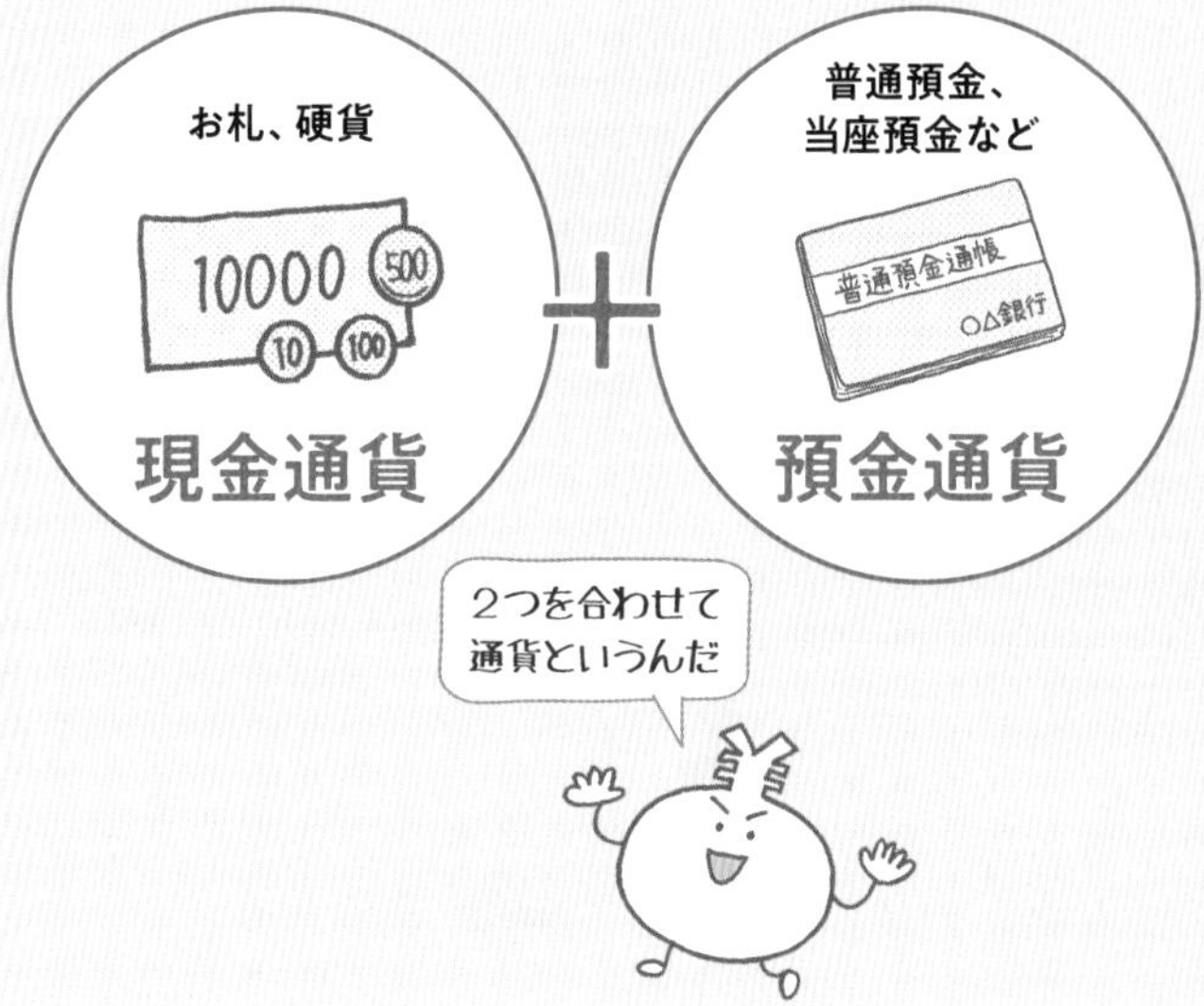


通貨には、お札と硬貨の「現金通貨」のほかに「預金通貨」があります。

預金通貨は、普通預金や当座※預金などを指します。引き出したいときに、いつでも引き出せる、流動性の高い預金＝「要求払い預金」のことです。

現金通貨の残高は約116兆円に対して、預金通貨は約957兆円であり（2023年8月末）、通貨として大きな支払機能を担っています。

なお定期預金は満期が決まっていて自由に引き出せませんが、中途解約して普通預金に振り替えればすぐに使えるため「準通貨」と呼ばれています。

※小切手や手形の決済に利用する預金口座。

# お札やコインはどうつくり、みんなが使えるようになる？

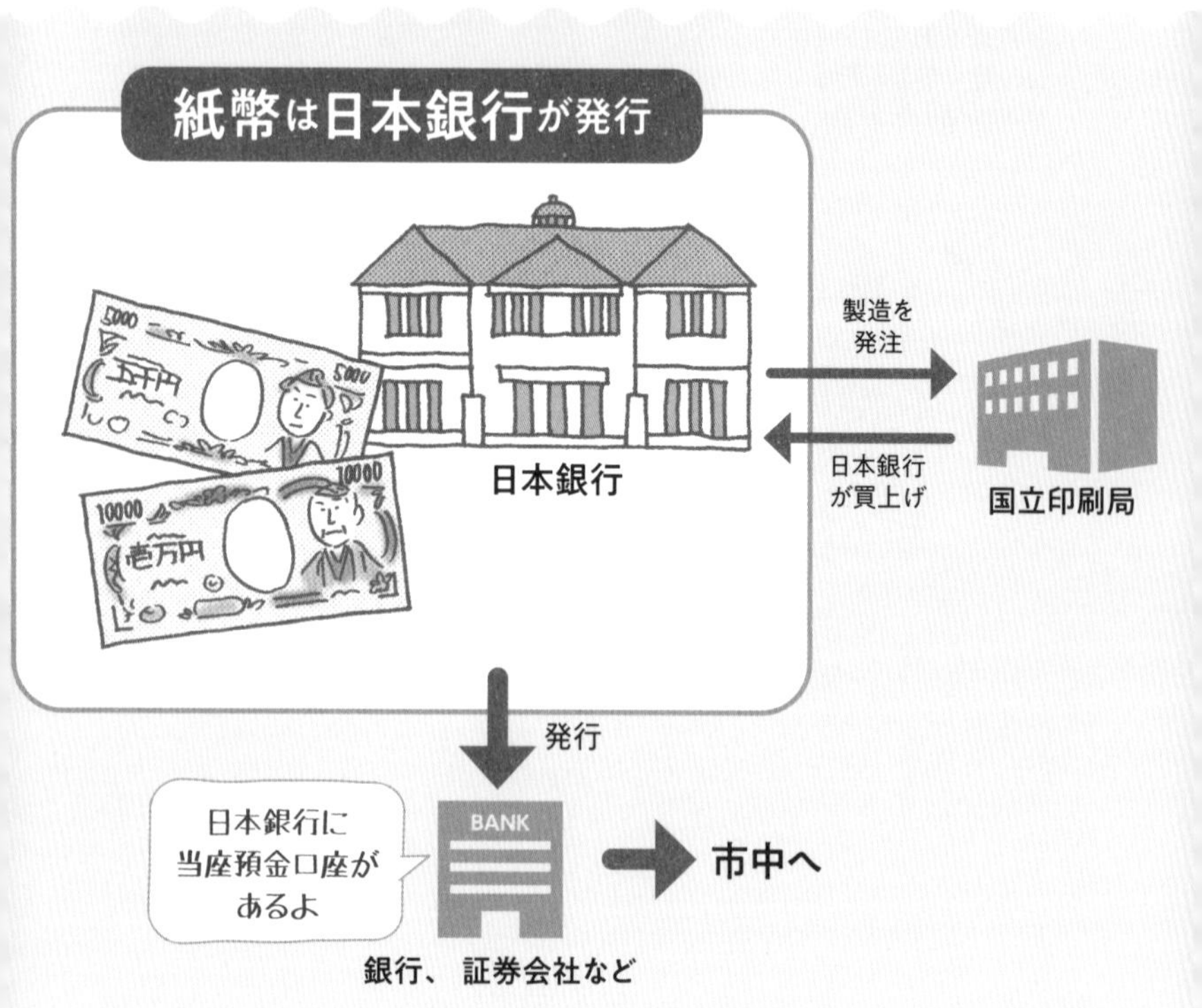


お札とコインは、それぞれ違うしくみでつくられています。

お札＝紙幣の場合、日本銀行券という名前のとおり、**発行できるのは日本銀行（日銀）**だけです。日銀が予測をもとに製造量を決め、国立印刷局に委託して製造を発注しています。つくられた紙幣は日銀が買い上げて保管します。銀行などが日銀にもっている当座預金口座からお金を引き出すと、紙幣が市中に流通するしくみです。

一方、**コイン＝硬貨**は

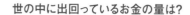

### 世の中に出回っているお金の量は?

日銀の統計によると世の中に出回っている紙幣と硬貨の量は金額にして125兆9,350億円あまり。枚数では1,015億枚強（2023年8月末現在）。このうち1万円札が約113億枚。

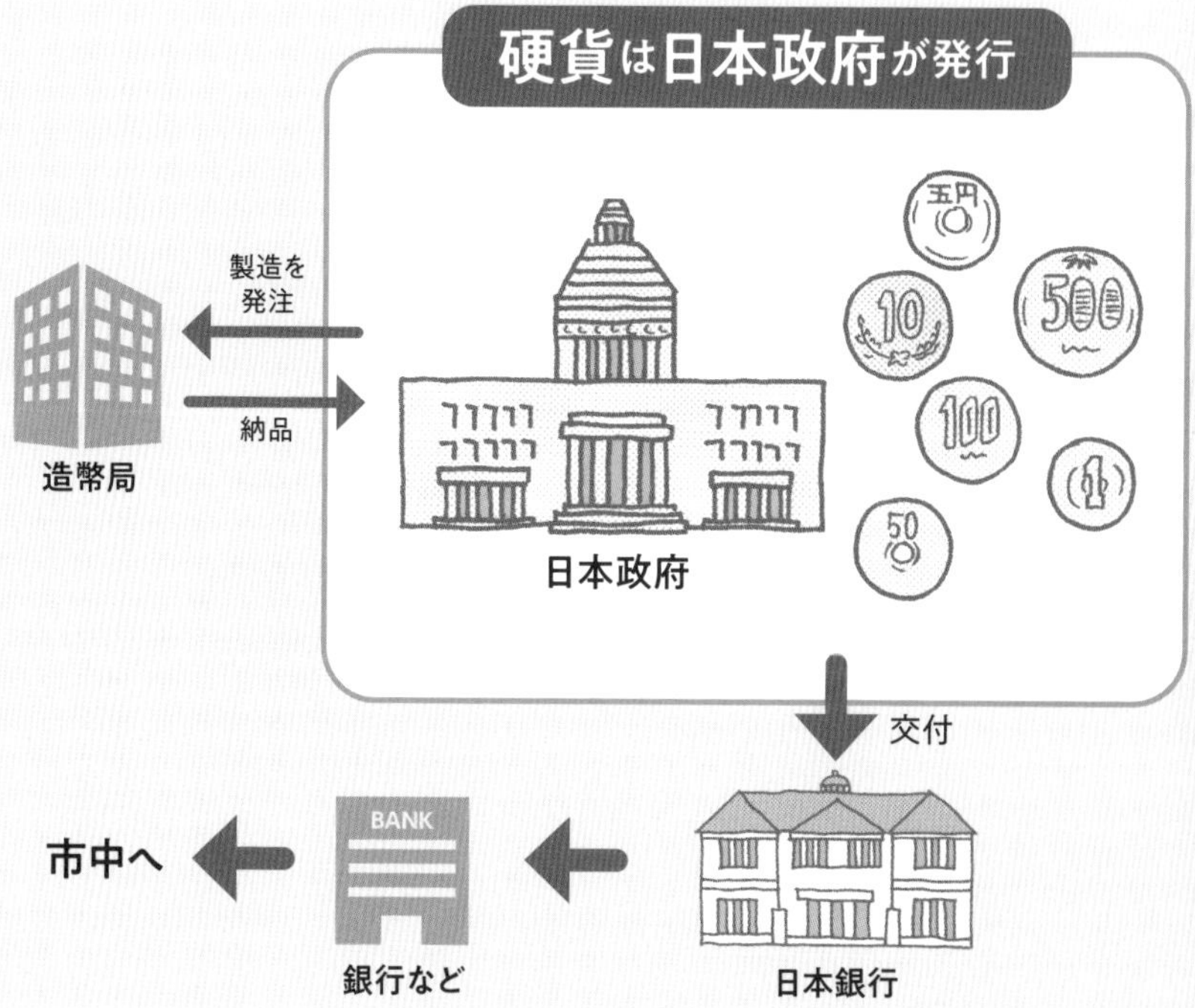


**日本政府が発行**しています。政府が造幣局（ぞうへいきょく）に委託して製造を発注し、つくられた硬貨は政府から日銀に交付されます。紙幣と同じく銀行などが日銀の当座預金口座から引き出して市中に流通します。

　日銀の統計「通貨流通高」によると日本に出回っているお金のうち、紙幣として出回っているのは121兆円あまり、枚数にして約167億枚です。一方、硬貨は4・7兆円、約848億枚となっています（2023年8月末）。

# 「景気がいい」、「物価が高い」とは?

## 物価

（消費者物価指数（総合指数）の前年比の推移）

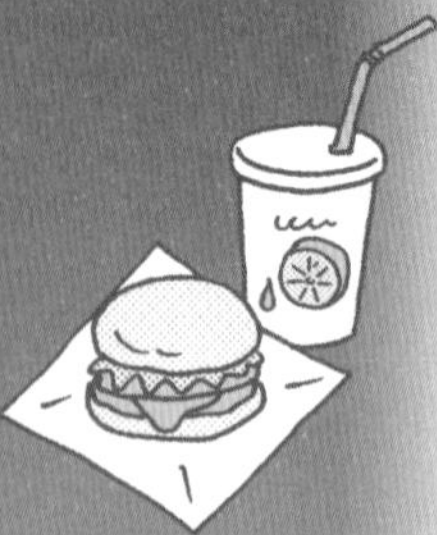

POINT 1

### GDP成長率が景気のモノサシ!

景気とは世の中の経済活動の状態・動向のこと。景気の良し悪しをはかる「モノサシ」の中で最もポピュラーなのがGDP成長率（経済成長率）。これが高ければ好況といえます。

## 景気

（GDP成長率の推移）

POINT 2

## 物価の上昇はインフレ、下降はデフレ!

物価とはモノやサービスの値段のこと。物価が上昇する状態・動向が「インフレ」、下降するのが「デフレ」です。

POINT 1

# GDP成長率が景気のモノサシ!

## 付加価値とは何か

**付加価値とは** 生産額から、原材料費や燃料費などの中間投入額（いわゆる原価）を差し引いたもの

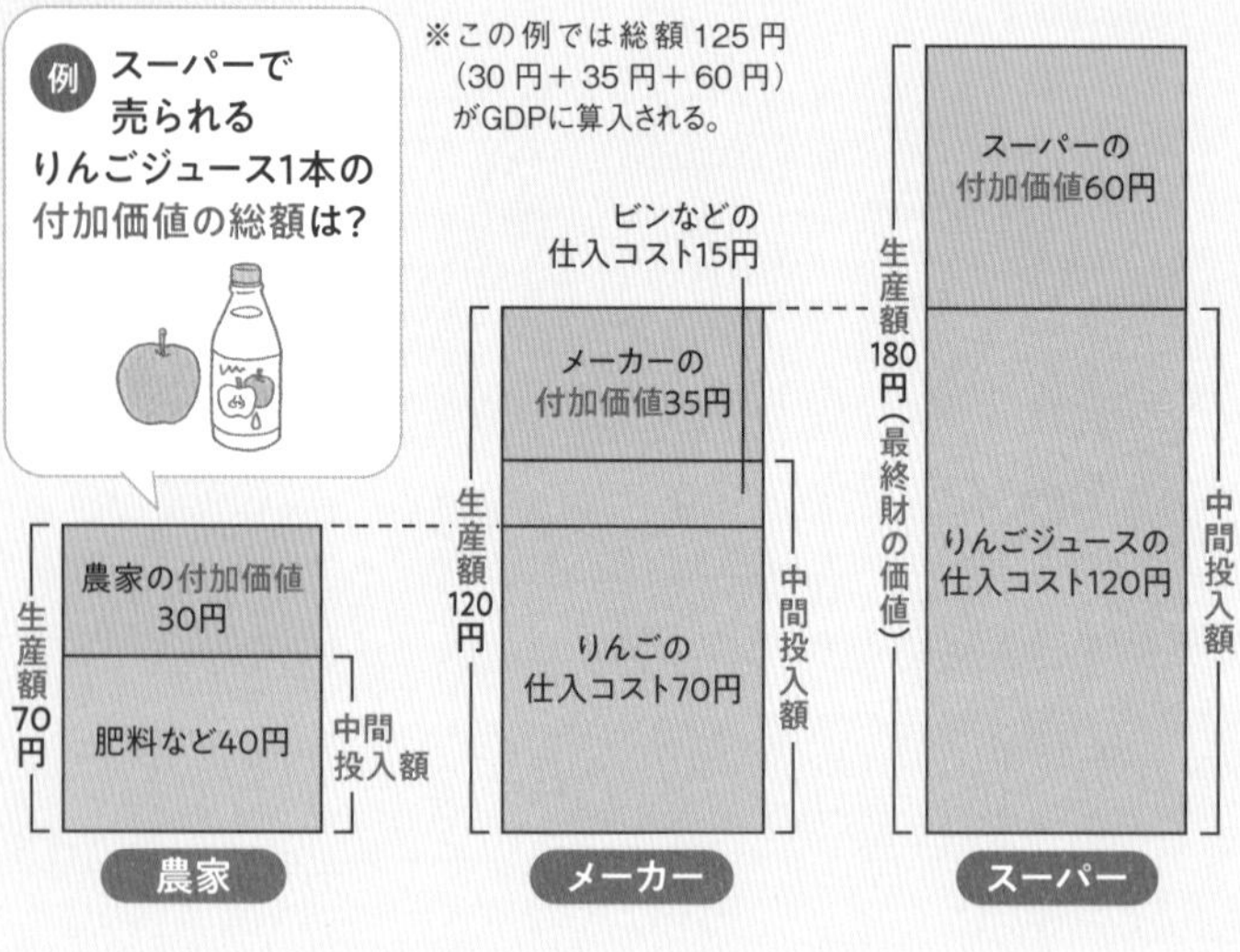


景気がいい状態を「好況」、悪い状態を「不況」といいます。この景気の良し悪しを判断する「モノサシ」にはいくつかありますが、一番わかりやすく、基本的な判断材料となるのが「GDP成長率（経済成長率）」です。

**GDP（国内総生産）とは、一定期間内に国内で生み出された財（モノ）やサービスの付加価値の総額**で、一国の経済規模を示す指標です。会社や個人の所得を積み上げて社会全体で見たようなもので、GDP成長が高ければ好況、低ければ不況というように景気をとらえます。

なおGDPには2種類あり、

## 景気動向指数とは

景気動向指数は以下のような景気に関わる複数の経済指標を統合して作成される景気指標です。このうち、景気に対して先行して動くものを先行指数、景気とほぼ一致して動くものを一致指数、景気から半年〜1年ほど遅れて動くものを遅行指数といいます。

**景気動向指数に使われる主な経済指標**

### 先行指数

新規求人数、新設住宅着工戸数、実質機械受注など

### 一致指数

鉱工業生産指数、有効求人倍率など

### 遅行指数

法人税収入、家計消費支出、完全失業率など

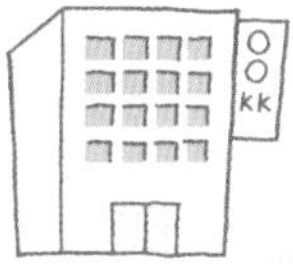


1つは付加価値を単純に足した「名目GDP」、もう1つはインフレなど物価変動を考慮した「実質GDP」です。

　このほか、景気判断の代表的なモノサシには**「景気動向指数」があります。**

　これは内閣府が毎月発表している景気指標で、生産や雇用、販売など、景気に関わる複数の経済指標をもとに作成され、景気局面の判断や、将来の予測をするのに用いられます。

　景気を調整して安定化させるのは政府や日銀の仕事です。政府は公共事業や減税などの「財政政策（☞P39）」を通じて景気変動をコントロールします。

POINT 2

# 物価の上昇はインフレ、下降はデフレ!

## インフレ、デフレとは

インフレはモノやサービスの価値が上がって、お金（通貨）の価値が下がった状態。逆にデフレはモノなどの価値が下がり、お金の価値が上がった状態です。

**インフレとは** 物価が継続的に上昇する状態・動向

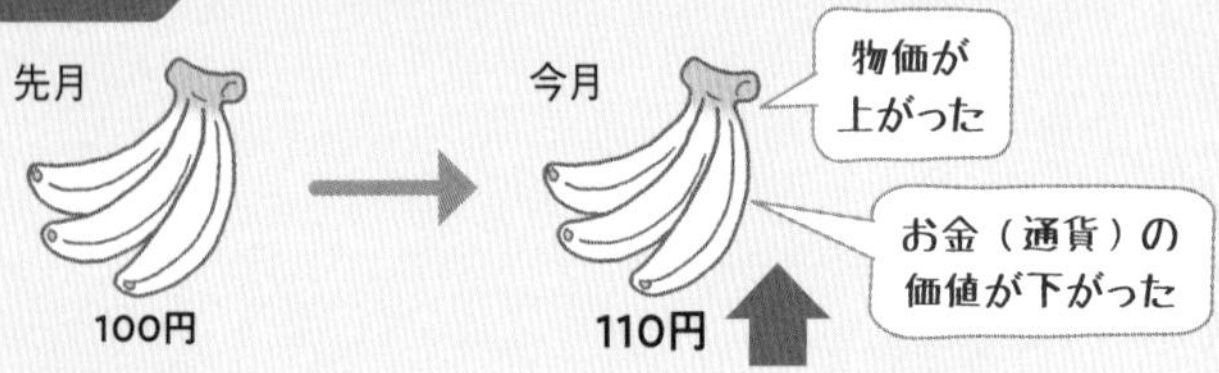


**デフレとは** 物価が継続的に下降する状態・動向

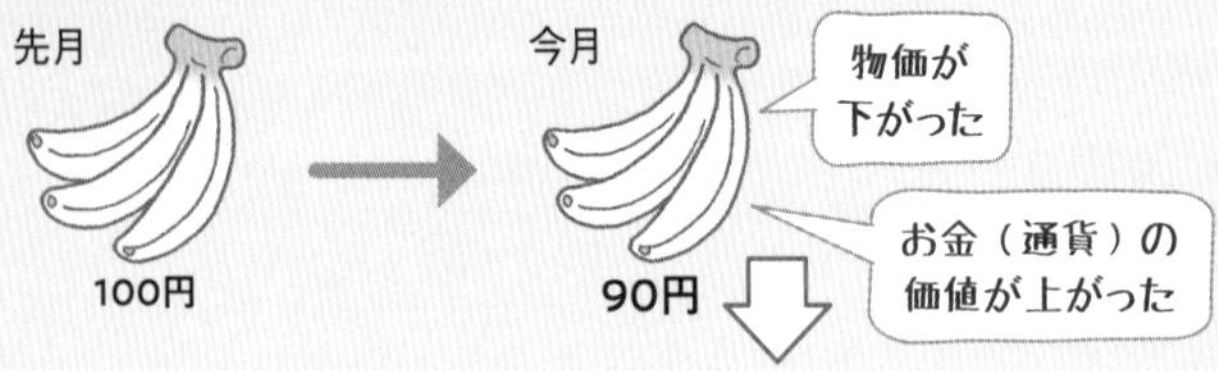


物価が上昇する状態・動向が「インフレーション（インフレ）」で、下降が「デフレーション（デフレ）」です。

物価の動きは「物価指数」という数値でとらえます。物価指数は複数あり、そのうち消費者物価指数は私たちが日常生活で購入するモノやサービスの価格の動きを指数化※したものです。また企業物価指数は企業間で取引されるモノやサービスの価格の動きを指数化したものです。

では、物価と景気、つまりインフレやデフレと景気には、どんな関係があるのでしょうか。例えば景気がよいときのことを考えてみましょう。

※基準年を100として、それに対する比率であらわす。

## 景気とインフレはどう関係しているか

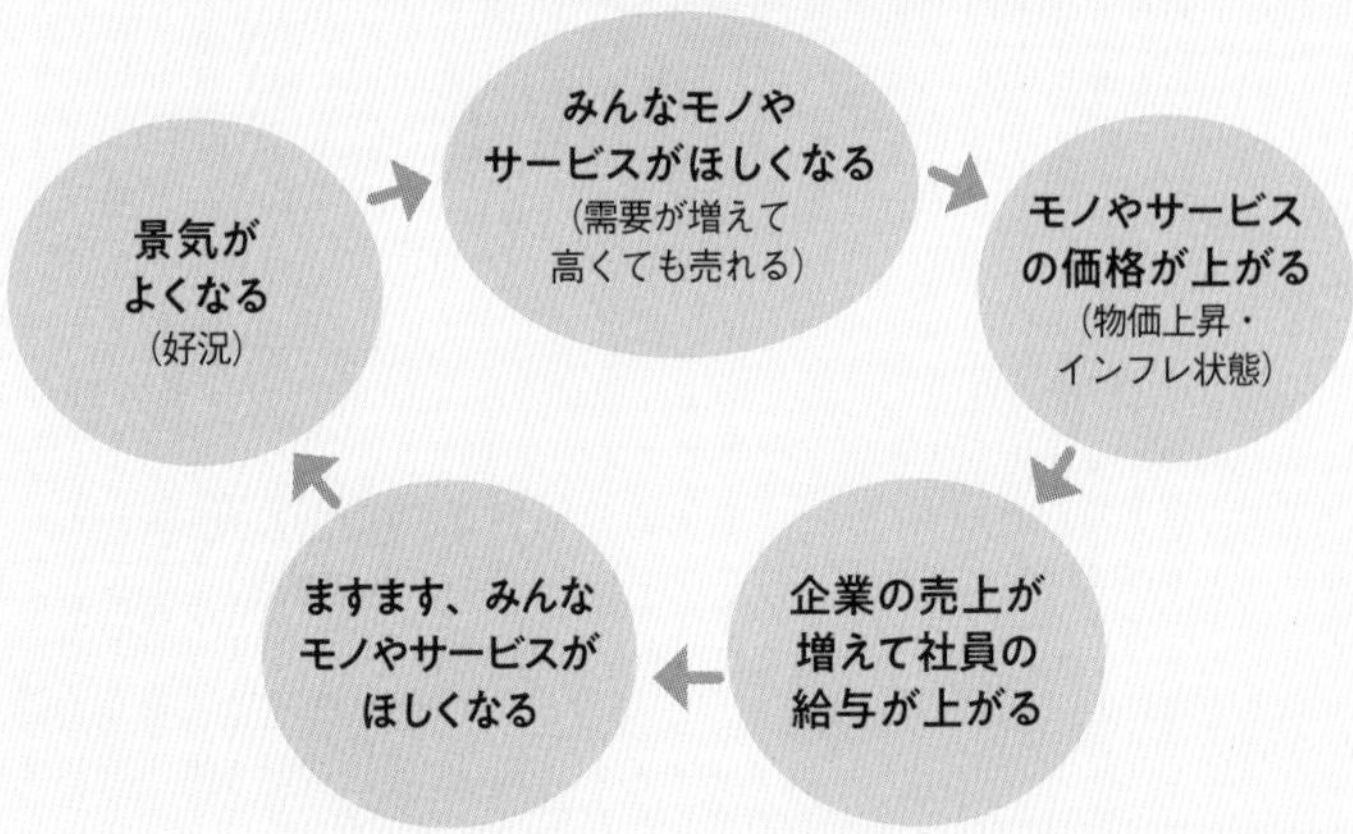


## 景気を刺激する、財政政策、金融政策とは?

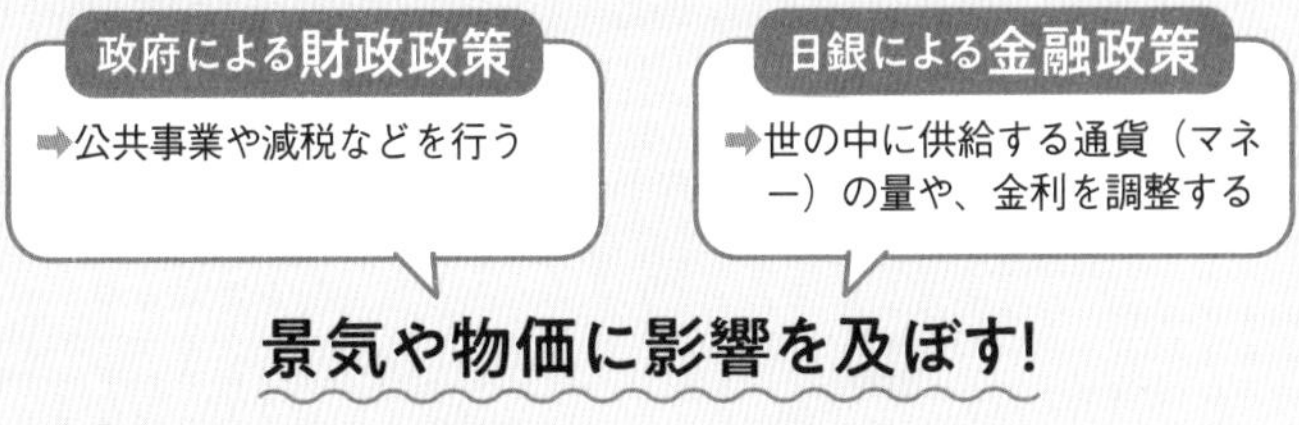

政府による財政政策
➡公共事業や減税などを行う
日銀による金融政策
➡世の中に供給する通貨（マネー）の量や、金利を調整する
景気や物価に影響を及ぼす!


景気がよいと、みんなモノやサービスがほしくなるものです。需要が増え、高くても売れるので、企業は価格を上げて売上を増やし、それによって社員の給与も上がります。そうなれば、ますますみんなモノやサービスがほしくなる、つまり景気もますますよくなるわけです。多少インフレ気味のほうが、景気はよくなる傾向があるといわれるのは、こうした理由によります。

景気をよくする（GDP成長率を高める）ための景気刺激策として政府は「財政政策」を行い、日銀は「金融政策」を行っています。

# 金利とは何か？どうやって決まる？

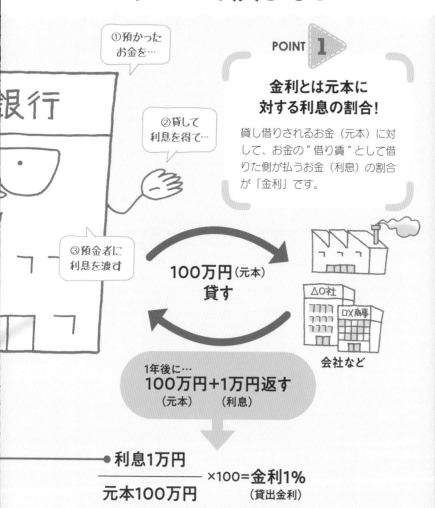

**POINT 1**

## 金利とは元本に対する利息の割合！

貸し借りされるお金（元本）に対して、お金の"借り賃"として借りた側が払うお金（利息）の割合が「金利」です。

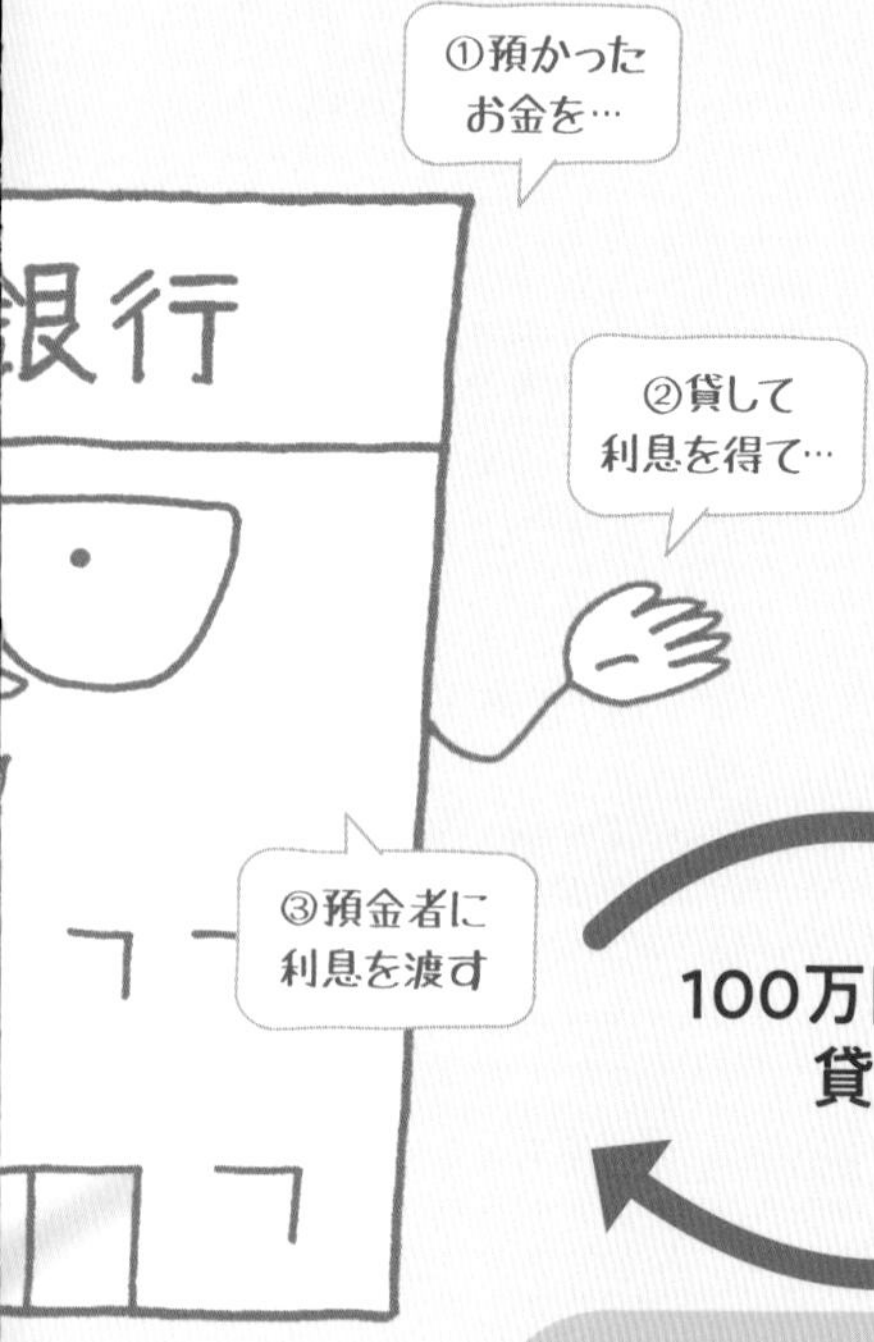

①預かったお金を…
銀行
②貸して利息を得て…
③預金者に利息を渡す

1年後に…
**100万円+1万円返す**
（元本）　（利息）

$$\frac{\text{利息1万円}}{\text{元本100万円}} \times 100 = \text{金利1\%}$$

（貸出金利）

POINT 2

## 銀行の金利と市場金利は違う！

銀行には預金金利と貸出金利があり、その金利を決めるおおもととなるのが市場金利です。市場金利には短期金利と長期金利があります。

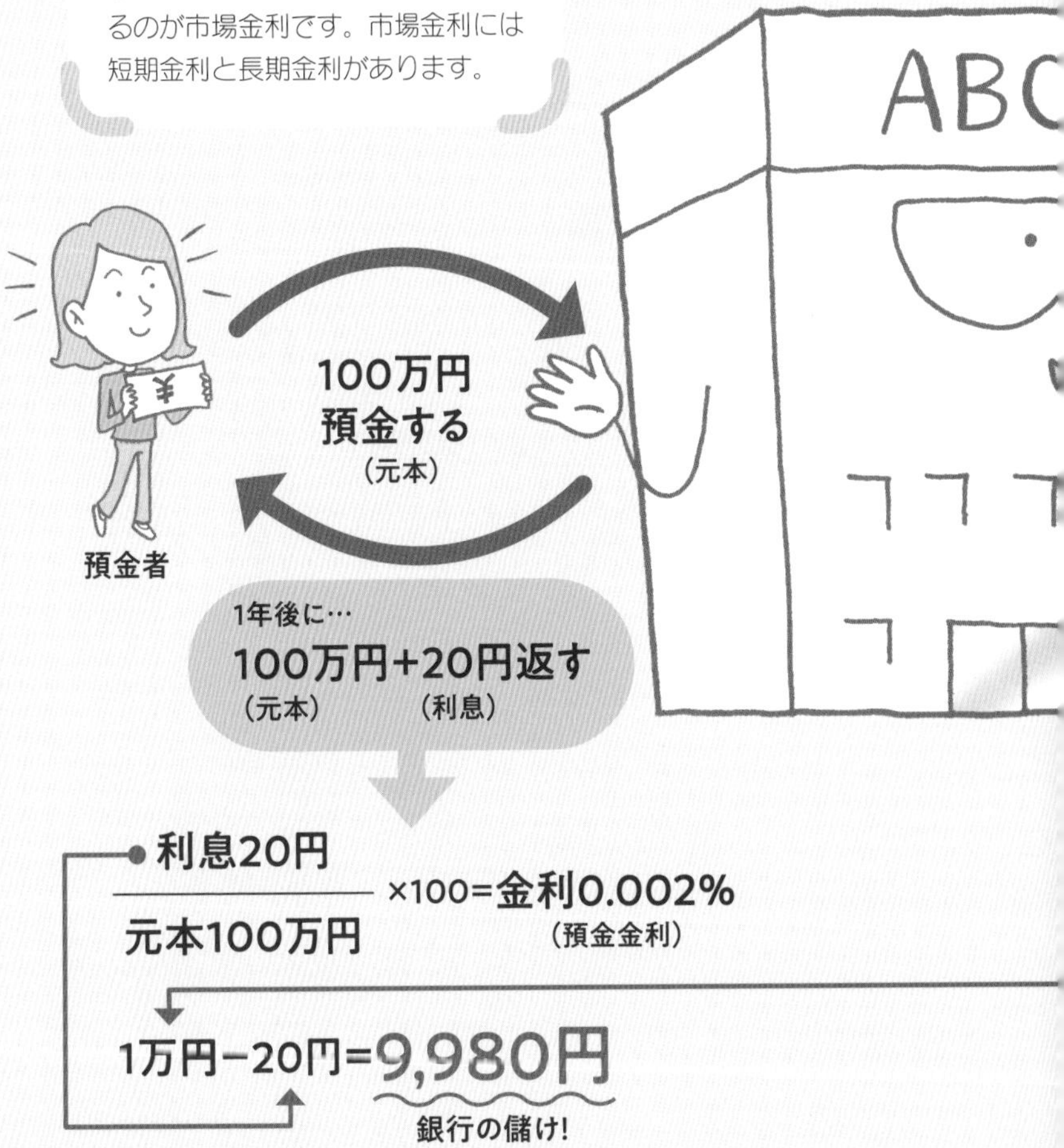

POINT 1

# 金利とは元本に対する利息の割合!

## 元本、利息、金利とは

「元本×金利（×期間）＝利息」の計算式を覚えておきましょう。金利や利息はお金を借りるときに、またお金を貯める・増やすときに必要な知識です。

**元本**

銀行に預金するお金や、株式など金融商品に投資するお金、融資を受けて借りたお金など「利息」を生み出す元手となるお金。「元金（がんきん）」ともいう

**利息**

元本に対するお金の借り賃、利用料として支払われるお金。「利子（りし）」ともいう

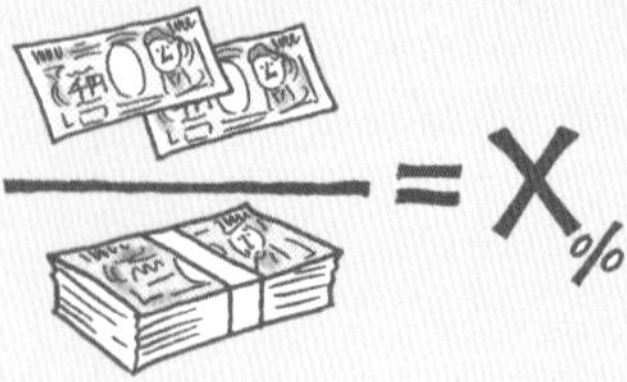


**金利（%）**

元本に対する利息の割合。単位は「%」。「利子率」「利回り※」ともいう

※国債など債券（☞P.138）への投資における利回りは、金利とは別に、債券の値上がりや値下がりで生じた損益（キャピタルゲイン／ロス）を含めた総合的な収益率を指す。

お金の貸し借りでは、いまのお金の価値と将来のお金の価値に差があるため、お金を借りた側から貸した側へ、お金の借り賃として支払うのが「利息」です。

このとき貸し借りされたお金を「元本」といい、元本に対する利息の割合を「金利」といいます。金利は一般に年率（1年間の利息の割合）で示され、単位は「%」です。

例えば元本1000万円を金利（預金金利）0・002%の一年定期預金に預金した場合、銀行は預金者に20円（税引前）の利息を支払うことになります。

# POINT 2 銀行の金利と市場金利は違う!

## 覚えておきたい、いろいろな金利

金融市場の取引で決まる市場金利と、私たちが銀行を利用する際の預金金利、貸出金利が違うように、金利にもいろいろな種類、分類があるものです。

**市場金利**：銀行同士が取引する特別な市場（インターバンク市場）や銀行以外の法人も参加するオープン市場で成立する金利。「市中（しちゅう）金利」ともいう

- **長期金利**：市場金利のうち、取引期間１年以上の金利。「10年物国債利回り」が代表的な指標
- **短期金利**：市場金利のうち、取引期間１年未満の金利。「無担保コールレート（オーバーナイト物）※」が代表的な指標

※無担保で貸し借りし、オーバーナイト（O/N）＝翌日には決済する資金の金利。

**銀行の金利**

- **預金金利**：銀行が預金者に対して支払う利息の割合
- **貸出金利**：銀行がお金を貸し出す融資先から受け取る利息の割合。預金や貸出のコストをまかない、銀行が利益を出すために、預金金利よりも高い利率に設定される

ひとくちに金利といってもいろいろな種類があります。例えば、銀行の「預金金利」は預金者に対して支払う利息の割合で、「貸出金利」は銀行がお金を貸す融資先から受け取る利息の割合です。

この2つの金利は「市場金利」という銀行同士が取引する特別な金融市場で決められる金利を基準にしています。預金金利は市場金利よりも低く、貸出金利は市場金利よりも高く設定されています。その差額が銀行の儲けです。取引期間1年以上の市場金利を「長期金利」、1年未満のものを「短期金利」といいます。

Money 06 Basics

# 円高・円安で何が起きる？ どっちがいい？

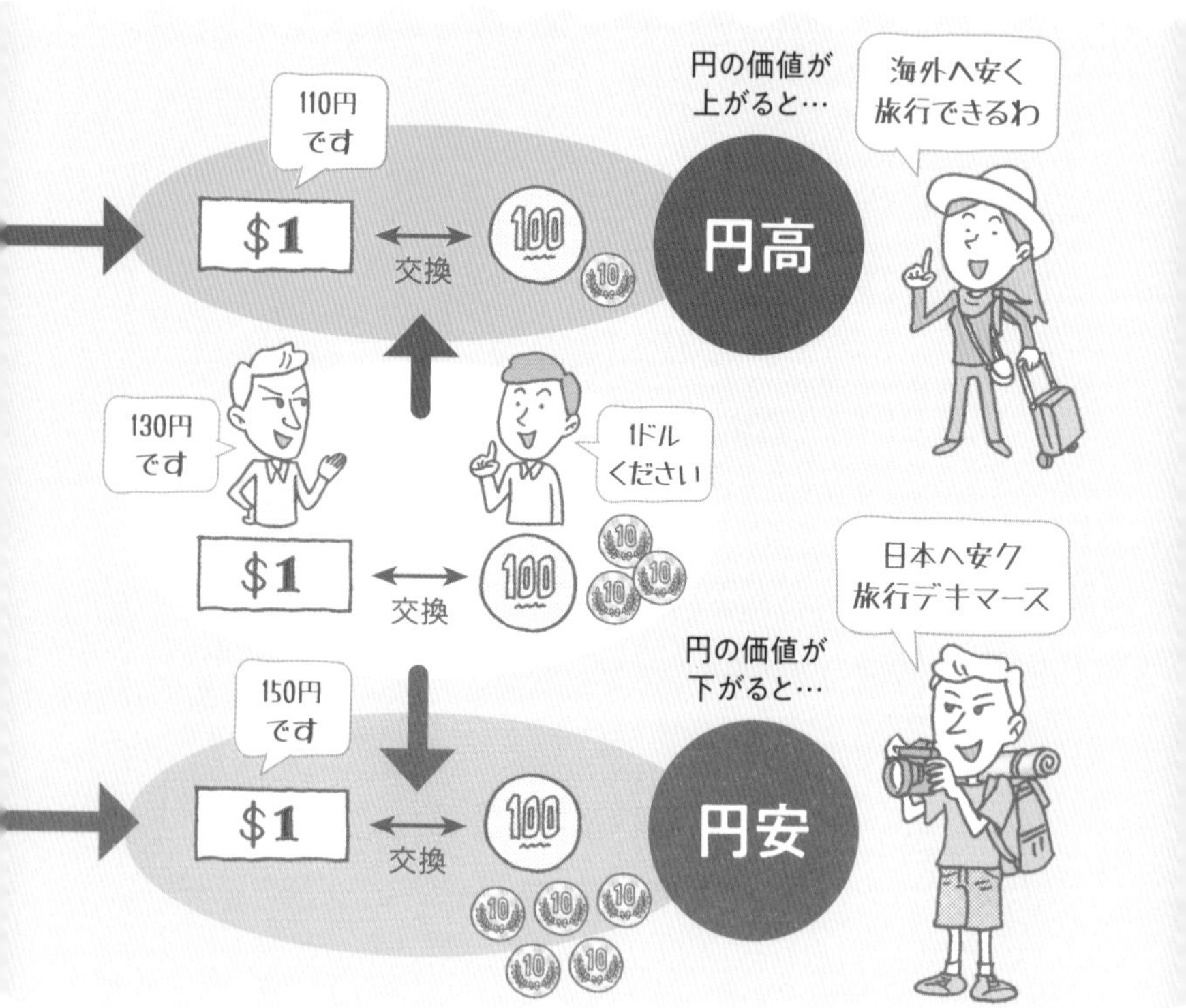
円の価値が上がると…
海外へ安く旅行できるわ
110円です
$1
交換
円高
130円です
1ドルください
$1
交換
日本へ安ク旅行デキマース
円の価値が下がると…
150円です
$1
交換
円安

米ドルなどの外貨(がいか)に対して、円の価値が上がるのが円高、下がるのが円安です。円の価値が上がると、例えば以前1ドルを130円と交換していたのが、110円で交換できます。アメリカに旅行する場合、以前は1万3000円かかっていた現地での買い物が1万1000円でできてトクをします。逆に円安だとソンをします。

一方、外国人旅行者が訪日した場合は、円安だとトクで、円高だとソンになります。

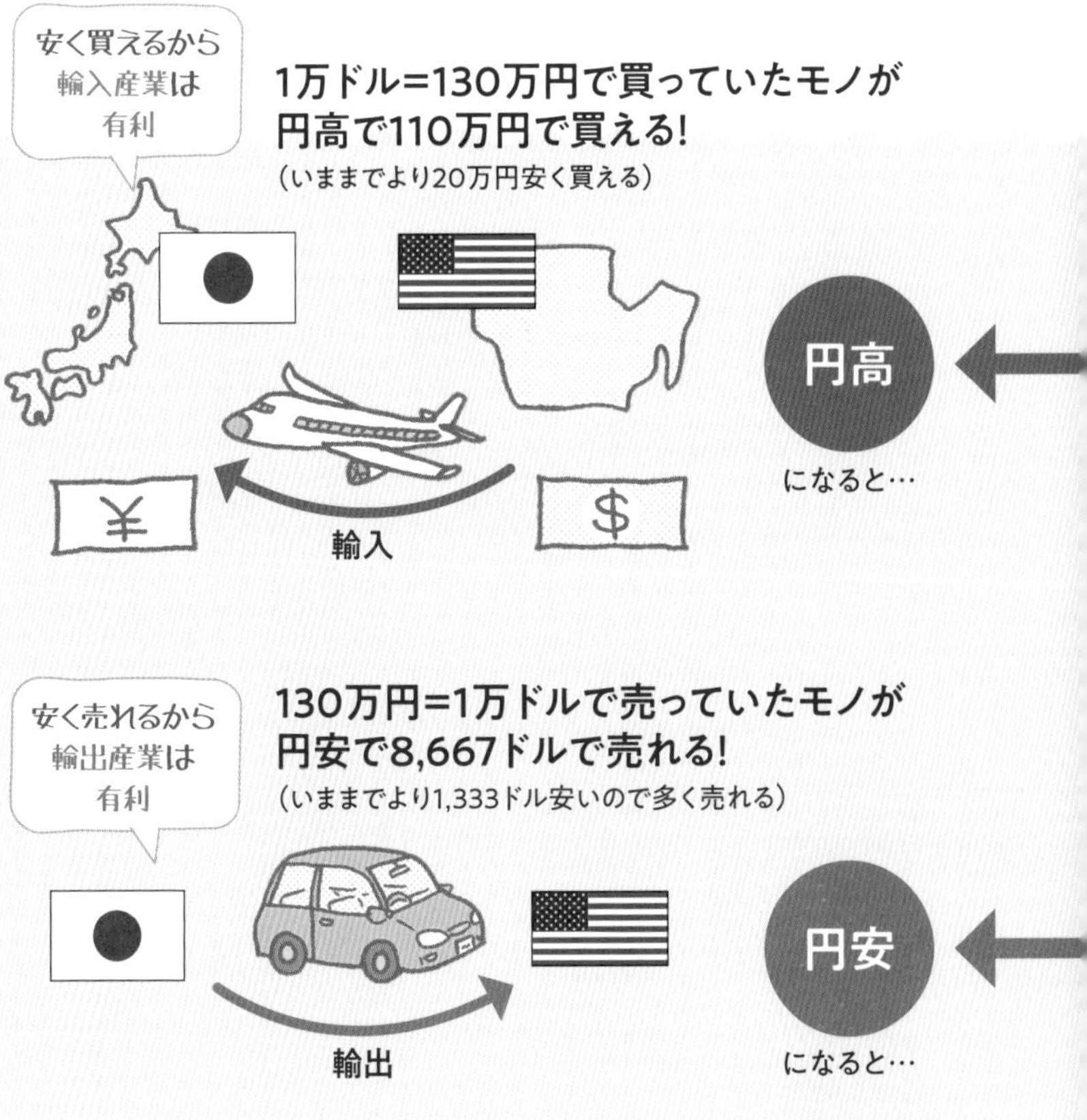
安く買えるから
輸入産業は
有利
1万ドル=130万円で買っていたモノが
円高で110万円で買える!
(いままでより20万円安く買える)
¥
$
輸入
円高
になると…
安く売れるから
輸出産業は
有利
130万円=1万ドルで売っていたモノが
円安で8,667ドルで売れる!
(いままでより1,333ドル安いので多く売れる)
輸出
円安
になると…

では日本経済全体で考えてみましょう。例えば円高で円の価値が上がると、輸入産業は同じモノを以前よりも安く輸入できるようになります。これは有利です。逆に輸出産業は同じモノを以前よりも高く輸出することになり売れにくくなります。円安の場合はこの逆のことが起こります。

つまり、貿易収支などの国際収支に対しては、輸入有利の円高のときは赤字化、輸出有利の円安のときは黒字化に作用します。

# 「外国為替市場の円ドル相場」とは何を意味する?

POINT 1

## 外国為替取引は世界中の市場で24時間行われる!

３大市場のほかにも、ニューヨークと東京の間にはオーストラリアのシドニーに市場があるなど、24 時間切れ目なく取引が可能です。またシンガポールや香港など東京以上に取引高が多い市場もあります。

### 銀行間相場と対顧客相場

ニュースなどで報道される為替レートは、銀行など為替のプロが取引する市場の相場です。個人が海外旅行などのために交換する際は、銀行などが利ざや（儲け）を加えたレートが用いられます。これを「対顧客相場」といいます。

POINT 2

## 為替レートは2国間の金利差などで変動する！

24 時間取引が行われる中で、２国間の通貨の交換比率＝為替レートは時々刻々と変化します。ニュースなどでは「東京外国為替市場の円ドル相場」などと市場と通貨のペアで為替レートをあらわします。

## POINT 1 外国為替取引は世界中の市場で24時間行われる!

### 外国為替の1日あたり取引高は数兆米ドル規模

世界中で1日に取引される外国為替の金額は、平均して約7兆5,000億米ドル（2022年）。地域別では左下の表がトップ5になっています。第5位の日本（東京）が世界3大市場の1つとされるのは、日本円と米ドルの交換取引が圧倒的に多いためです。また市場取引額で見た通貨ペアのシェアは右下の表のようになっています。

**取引高地域別トップ5**

| | |
|---|---|
| ①イギリス | 3.755 |
| ②アメリカ | 1.912 |
| ③シンガポール | 0.929 |
| ④香港 | 0.694 |
| ⑤日本 | 0.433 |

**通貨ペアの市場シェア** (%)

| | |
|---|---|
| ① $米ドル／ユーロ€ | 22.7 |
| ② $米ドル／日本円¥ | 13.5 |
| ③ $米ドル／英ポンド£ | 9.5 |
| ④ $米ドル／中国人民元¥ | 6.6 |
| ⑤ $米ドル／カナダドルC$ | 5.5 |

（1日平均、単位：兆米ドル、2022 年国際決済銀行調査より作成）

為替とは、遠方にお金を送る場合など、現金以外の方法でお金のやり取り※をすることですが、一般には外国為替取引、つまり2国間の異なる通貨の交換取引を指します。

外国為替取引は、世界中で24時間行われます。東京、ロンドン、ニューヨークを世界3大外国為替市場といいますが、株式のような「取引所取引」ではなく、電話やコンピュータ・ネットワークを使って売り手と買い手が1対1で行う「相対取引」なので、市場といっても具体的な場所はありません。1日あたりの取引高は数兆米ドルにも上ります。

※国内で行われる為替取引を「内国為替（ないこくかわせ）」という。

# POINT 2 為替レートは2国間の金利差などで変動する!

## 為替レートにはさまざまな変動要因がある

外国為替取引は本来、個人なら海外旅行、会社なら貿易などのために通貨を交換するものです。しかし現在では為替変動リスクを低減するための取引や、投資・投機のための取引が数兆米ドル規模の取引のほとんどを占めています。そのため２国間の金利差なども為替レート変動の要因になります。

### 金利差

金利の低い通貨で資金を調達し、高い通貨で運用するなど。金利の高い通貨が買われる＝交換されてレートが上がる

0.1% VS 2%

### 為替介入

その国の政府が為替レートを高すぎ・安すぎと判断して是正のために取引に参加する。高すぎなら売り介入、安すぎなら買い介入

### ファンダメンタルズ

その国の経済成長率、物価上昇率、国際収支、財政収支など経済の基礎的条件。長期的に為替レートを決定する要因

※為替変動リスクとは、為替レートの変動によって外貨建ての資産の「円の評価」が上下する可能性があること。

いまは投資的（投機的）な金融マネーが外国為替市場のほとんどを占めており、その動向は為替レートの変動要因の1つとなっています。例えば日米の金利差が大きい時期には、金利の低い日本円で資金調達をして、金利の高い米国債などで運用すればその差が利益になります。この場合、日本円を米ドルに交換する、つまりドルが買われて円安ドル高になります。こうした投資的な動きや、それに対する政府・中央銀行の為替介入により為替レートは短期的に変動しますし、長期的にはその国のファンダメンタルズが為替レートを決定します。

# 銀行は何で儲けている?
# 日銀は何をするところ?

POINT 1

## 銀行は利益の多くを有価証券の運用で稼ぐ!

本来、銀行は預金で集めたお金をより高い利息で貸し出し、その利息の差を収益とします(☞P.40)。しかし低金利のいまは有価証券※の運用益も重要な収益の源です。

※株式や国債などの資産の保有の証明書。

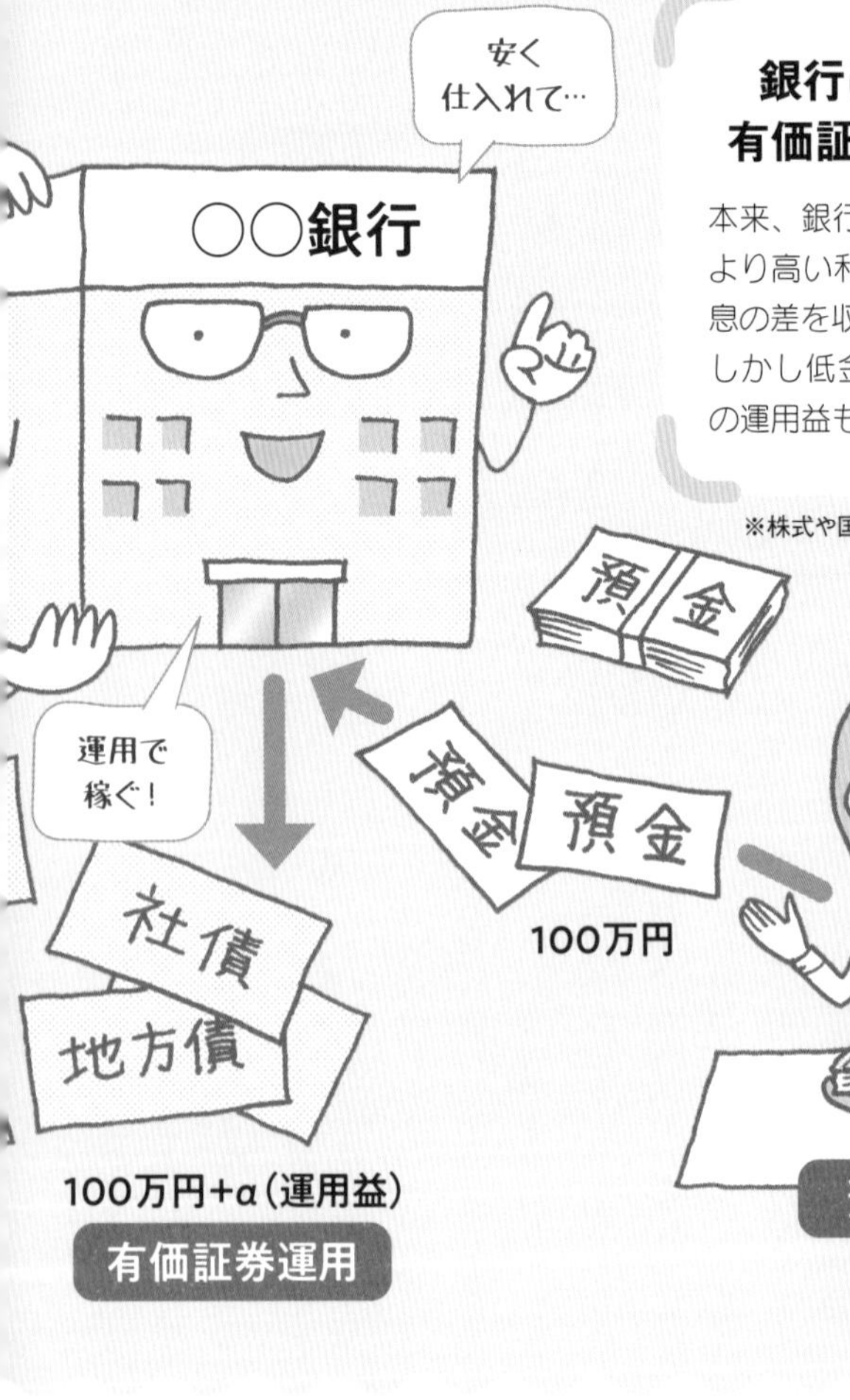

POINT 2

## 日銀の目的は物価と金融の安定!

日銀は「物価の番人」。そして資金の決済や金融市場など金融システムの安定を守ることも目的です。銀行間の決済サービスの提供や銀行への最後の貸し手という機能もあります。

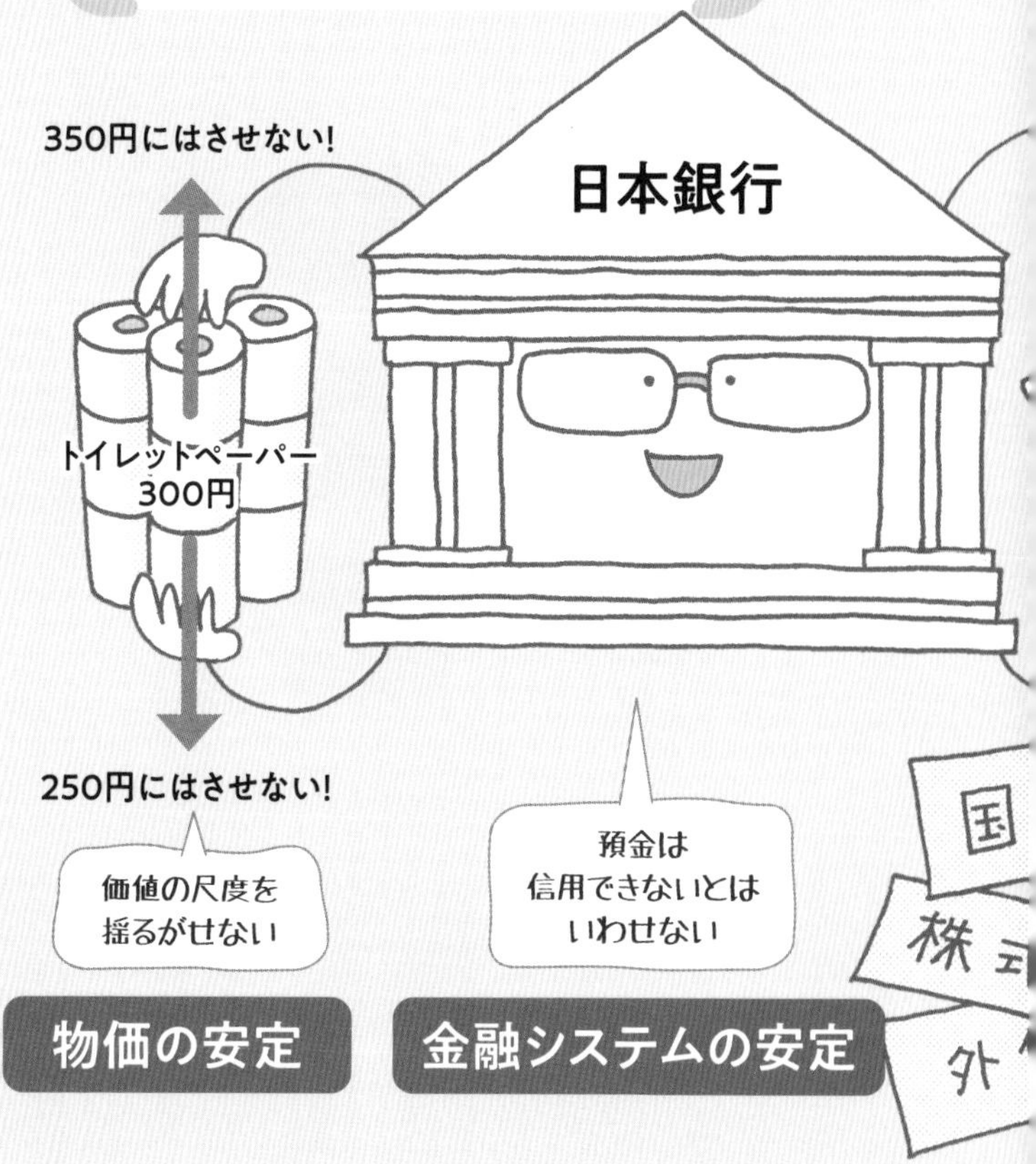
350円にはさせない!
日本銀行
トイレットペーパー
300円
250円にはさせない!
価値の尺度を
揺るがせない
預金は
信用できないとは
いわせない
物価の安定
金融システムの安定
国
株
外

POINT 1

# 銀行は利益の多くを有価証券の運用で稼ぐ!

## 貸出業務では収益を得にくくなった銀行

下の3つが「銀行の3大業務」です。預金業務で集めたお金をより高い利息で貸し出す業務が中心です。その利息の差と為替業務などの手数料がこれまで銀行の収益の柱でした。ところが低金利の時代が続き、たんなる貸出業務からは大きな収益を得ることは難しくなっています。

**① 預金**　お金を預かり利息を払う

**② 貸出**　お金を貸し出し利息を受け取る

**③ 為替**　振込や送金、振替、代金取立などで手数料を受け取る

銀行は低金利時代が続いているため3大業務のうち、**預金と貸出の利息の差から収益を得にくくなりました。**しかし銀行は他業種への進出や業態転換を行うことができません。銀行法により3大業務以外の業務内容が厳しく制限されているからです。

そこで銀行が注力しているのが、従来から行っていた有価証券(国債や株式など)による資金運用です。銀行はいまや巨大な※機関投資家になっています。

このような貸出利息や有価証券利息配当金などの資金運用で得た利益を、銀行では「資金利益」と呼びます。

※巨額の資金を使って株式や債券(☞P.138)で運用を行う大口の投資家。

# POINT 2 日銀の目的は物価と金融の安定!

## 日銀が行う主な業務（役割）

日銀は中央銀行として紙幣（銀行券）を発行するほか、金融機関や政府の預金口座を設け、「銀行の銀行」「政府の銀行」としての役割を果たすことも重要です。

**①発券銀行**

千円札や1万円札など、日本の紙幣を発行する唯一の機関

**②銀行の銀行**

金融機関の預金口座を設け、金融機関間の資金決済などを行う

**③政府の銀行**

政府の預金口座を設け、国庫金の受払いや保管を行う

日銀
日本銀行法で銀行券の発行、
通貨及び金融の調節、
資金決済の円滑の確保が
定められているよ


日本銀行が**業務を通じて目的とするのは物価の安定と金融システムの安定です。**物価の安定とは通貨の機能である「価値の尺度」を揺るがせないことです。日銀は2013年以来、物価上昇率2％を物価安定の目標としています。

一方、金融システムの安定とは、簡単にいうと、みんなが安心して預金を利用できるようにすることです。預金通貨は現金通貨と並ぶ基本的なお金ですから安心して使えなければなりません。そのため日銀は「日銀ネット※」のシステムを運用するなど「銀行の銀行」としての役割を果たしています。

※日銀と各金融機関をオンラインで結び金融機関間の決済を瞬時に行う。

# クレジットカードはどんなもの？賢く使うにはどうする？

POINT 1

## 加盟店から手数料をとるから金利ゼロ！

※年会費を別途徴収するカードはある。

クレジットカードの利用者が手数料無料、金利ゼロ円で買い物ができるのは、クレジットカード会社が加盟店から1～数％の手数料をとっているからです。

POINT 2

## リボ払いは高利の借金！利用しないのが賢明！

一括（1回）払いなら負担のないクレジットカードも、リボ払いを利用するとなると話は別。リボ払いは借金です。しかも年利10数％と高利率の負担を強いられます。

リボ払いは
金利が高い！
CREDIT
CARD
高いなー
毎度ありー
金利
CREDIT
CARD
年利15％なら
100万円のリボ払いで
年15万円の金利だ！
利用者
クレジットカード会社

POINT 1

# 加盟店から手数料をとるから金利ゼロ!

## クレジットカードを利用するしくみ

下はクレジットカード利用者がカード加盟店で10万円の商品を一括払いで購入したケースです。このとき加盟店はクレジットカード会社に対して3%の手数料を支払う取り決めになっていたとすると、クレジットカード会社は商品の代金として9万7,000円を加盟店に支払い、利用者の銀行口座から10万円を引き落とします(差額の3,000円がカード会社の利益)。

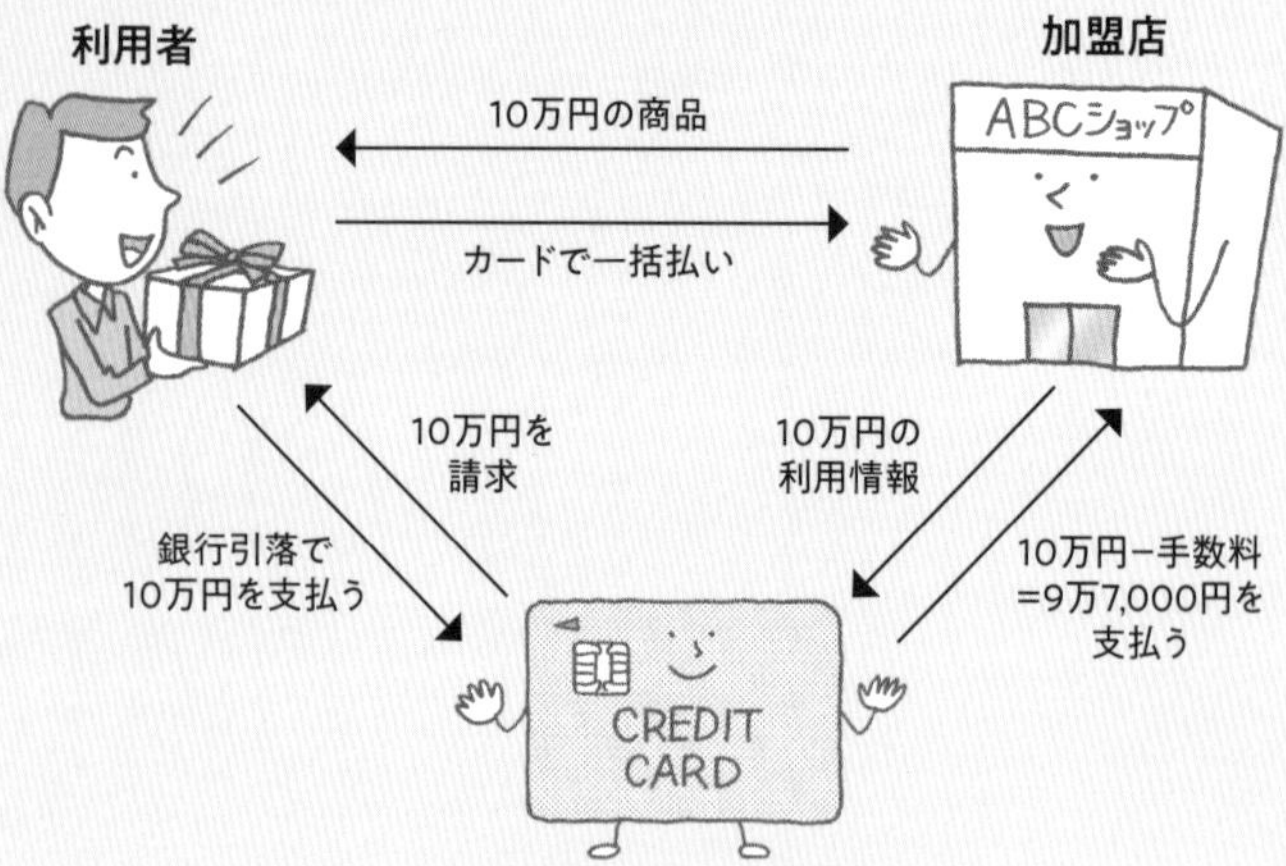


クレジットカードをショッピングで利用する場合は、月1回やボーナス時の一括払い、また2回までの分割払いなら利用者側に手数料や金利は発生しません。なぜタダで使えるかというと**利用者がショッピングしたお店などのカード加盟店が、クレジットカード会社に手数料を支払っている**からです。

加盟店としては利用者にとって便利なカード利用による販売機会を逃したくありません。そのため利用者に代わって3%とか5%といった高めの手数料率を負担してでも、顧客増・売上増につなげたいのです。

# POINT 2 リボ払いは高利の借金！利用しないのが賢明！

## リボ払いは便利に見えて負担が大きい

リボ払いは月々の支払額の中に元金の一部と金利が含まれて一定額になっています。いくら利用しても月々1万円などほぼ一定額しか支払わずに済むので、一見使い勝手がよさそうに見えますが、じつはかなり高い金利を長い期間負担し続けます。例えば、総額50万円のショッピング利用をリボ払いで返済し続けた場合、下のようになります。

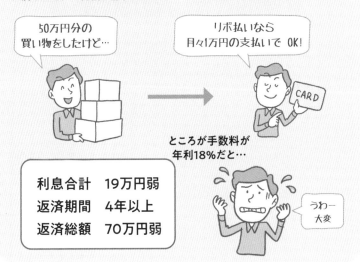

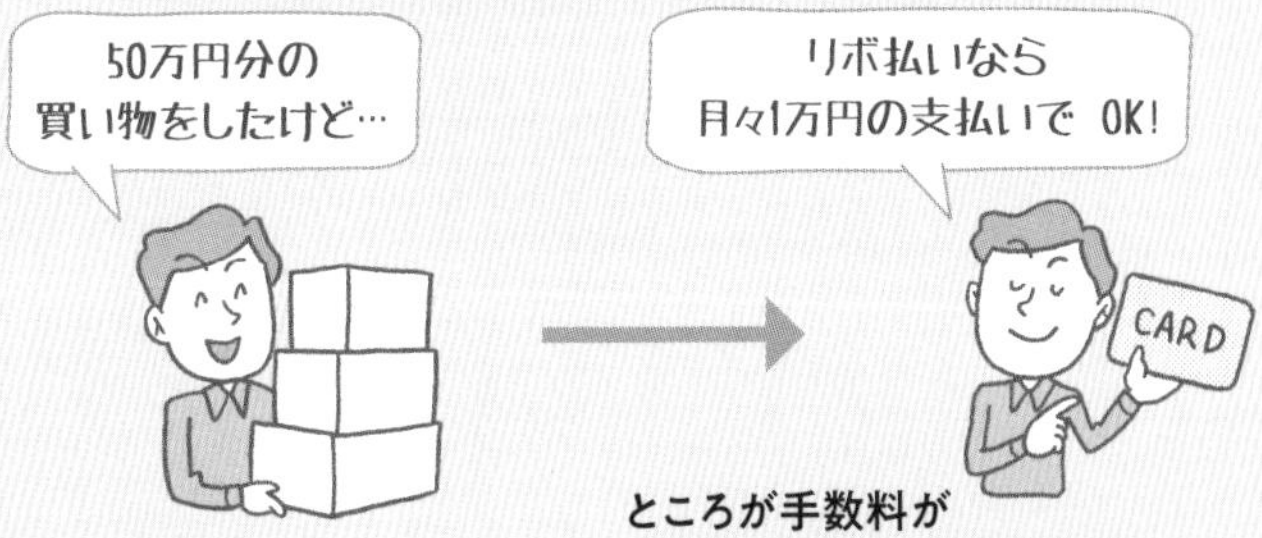
50万円分の
買い物をしたけど…
リボ払いなら
月々1万円の支払いで OK!
CARD

ところが手数料が
年利18%だと…

| | |
|---|---|
| 利息合計 | 19万円弱 |
| 返済期間 | 4年以上 |
| 返済総額 | 70万円弱 |

うわー
大変

リボルビング（リボ）払いとは、クレジットカードの利用金額や利用件数に関わらず、月々1万円の元金（がんきん）など一定額を支払い続けていく方式です。

リボ払いはクレジットカード会社にとっては加盟店と利用者の両方から手数料を得られるメリットがありますが、利用者にとってはほぼ月々一定額しか支払わないため、残りは借金を抱え続けることになります。しかも**年利は10数%と高利です。**お金を貯める・増やす基本は「借金をしない」ことですから、リボ払いはなるべく利用しないのが賢明です。

Money 10 Basics

# キャッシュレス決済を選ぶならどれ?

＼ キャッシュレス決済のベースは ／

## クレジットカードやデビットカード

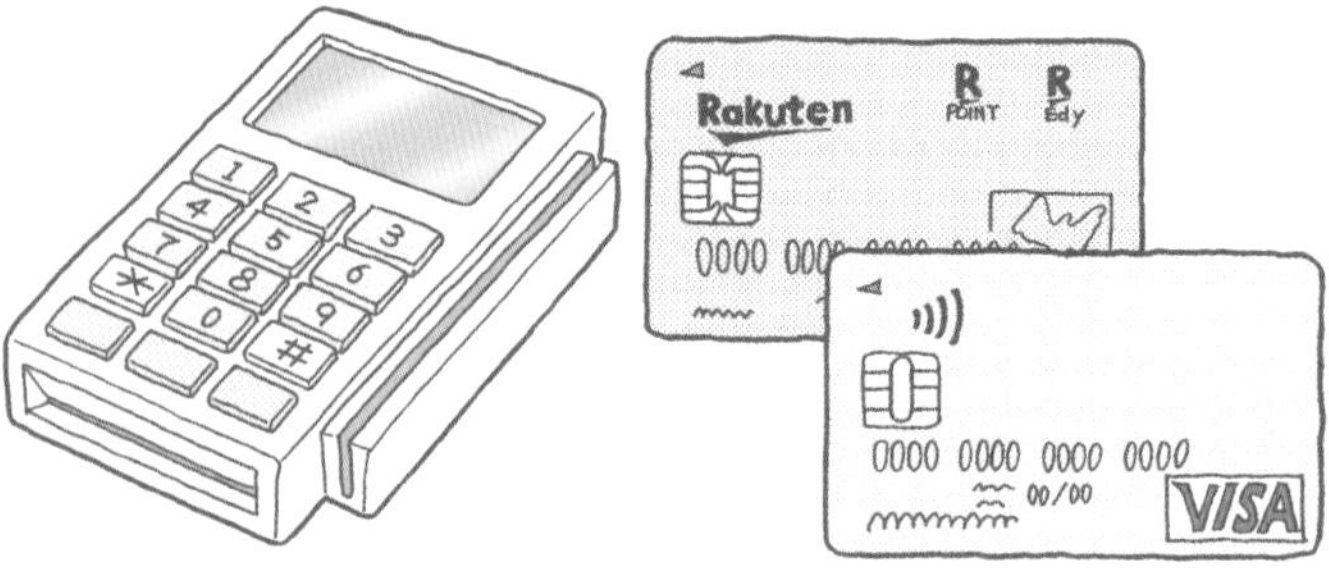


VISA、 Master、 JCB、 J-Debit、 VISAデビット　など

**デビットカードとは** 購入と同時に代金を銀行口座から引き落として決済するカード

キャッシュレス決済の利用が広まっています。カードやスマートフォンを使ったいろいろな決済方法がありますが、1つだけではなく複数の方法を利用場面ごとに使い分けましょう。

**クレジットカードやデビットカード**はキャッシュレス決済のベースです。代金が後払い（あとばらい）のクレジットカードだと使いすぎが心配という人は、即時（そくじ）払いのデビットカードもいいでしょう。

ふだん利用する交通機関やスーパーでは、そこ

＼ 交通機関やよく行くお店は ／

## 交通系、流通系の電子マネー

Suica、 ICOCA、 nanaco、 WAON　など

＼ 小さなお店などは ／

## QRコードやバーコード決済

LINE Pay、 PayPay、 楽天Pay、 d払いアプリ　など

が導入している**交通系・流通系の電子マネー**が便利です。カード決済のほかスマホ決済のタイプもあります。またよく行く飲食店やショップでは**QRコードなどのコード決済**も便利です。店舗側の導入コストが安く今後普及が見込まれます。

いずれにせよ加盟店が多く、自分の利用頻度（ひんど）が高い決済方法を選ぶのが得策です。またキャッシュレス決済のたびにポイントがつくものは、共通のポイントがつく決済方法を選ぶとトクです。

# ローンとはどんなもの?
# 住宅ローンの注意点は?

**目的別に選ぶローン**

**目的型ローン**

- 住宅ローンのほか、教育、マイカーなどお金の使いみちが明確な、利用目的ごとの専用ローンがある
- 1度の申込で1回だけ借りられる

POINT 1

## 目的別に選ぶローンと使途自由のローンがある!

ローン（Loan）とは「貸付」という意味です。銀行や消費者金融会社はお金を融資する金融商品として、目的別に選ぶローンや、使いみちが自由なローンを提供しています。

POINT 2

## 住宅ローンは金利タイプと返済方法の選択が重要!

長期返済なので金利タイプの選択はとくに大事です。銀行や住宅ローン専門会社が扱う民間ローンでは、金利が変動するタイプや、固定されるタイプなどがあります。

**使いみちが自由なローン**

### フリーローン

- 借入のたびに契約書を交わし、必要額を満額借りる
- 1度の申込で1回だけ借りられる

### カードローン

- カードを使って借入金を引き出す。利用可能枠の範囲内で何度でも借りられる
- 1度申し込めば何回でも借りられる（利用限度額まで）

POINT 1

# 目的別に選ぶローンと使途自由のローンがある!

## フリーローンとカードローンの違い

どちらも担保や保証人は不要。審査も住宅ローンなどよりも早く、手軽に利用できます。ただし借金ですから、お金を貯めたいのなら利用はできるだけ控えましょう。

とくにカードローンは、利用可能枠が残っていれば気軽に使えてしまうので、消費計画が甘くならないように注意が必要です。

### フリーローン

☑「証書貸付」という貸付形態。最初に必要な額を満額、1回で借入して、その後は借入金を返済していく

☑家族で行く海外旅行の資金など、あらかじめ不足分がわかっている場合に向いた借入手段

50万円
まとめて
借りよう!

まず10万円借りて
次にまた10万円借りて…

### カードローン

☑「当座貸越」という貸付形態。まずカードをつくって利用可能枠（借入限度額）を確保し、その範囲内であればいつでも必要額を借りられる

☑冠婚葬祭資金など、いつ発生するかわからない資金ニーズへの対応に適した借入手段

ローン（Loan）とは「貸付」という意味。銀行や消費者金融は「ローン」という名の、お金を貸し付ける、いろいろな金融商品を取りそろえています。

タイプとしては、住宅やクルマの取得資金や、教育用資金など目的別に選べるローンと、**フリーローン、カードローンなど使いみちが自由なローン**の2つに大別されます。

ローンの利用には必ず、返済能力をチェックする審査があります。また担保の提供や保証人を立てることが必要なケースもあります。

# POINT 2 住宅ローンは金利タイプと返済方法の選択が重要！

## 住宅ローンの金利タイプの比較

金利がずっと変わらずローンの返済額が一定のものと、金利が途中で変わり返済額も変わるものがあります。

一般に変動金利型の金利が最も低く、固定金利の期間が長いほど金利は高くなります。

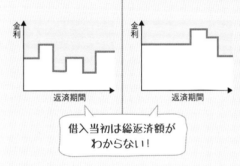

**変動金利型**

ローン返済中に、定期的に金利が見直される

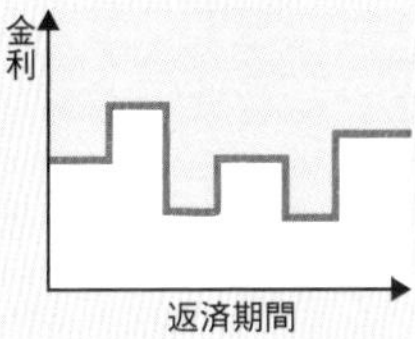


**固定金利期間選択型**

借入当初から一定期間だけ固定金利で、その後は固定金利か変動金利を選ぶ

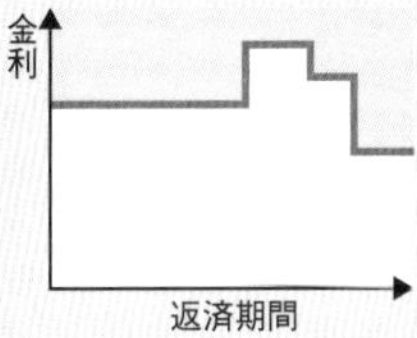


借入当初は総返済額がわからない！

**全期間固定金利型**

借入時に決めた金利が、ローン返済の全期間変わらない

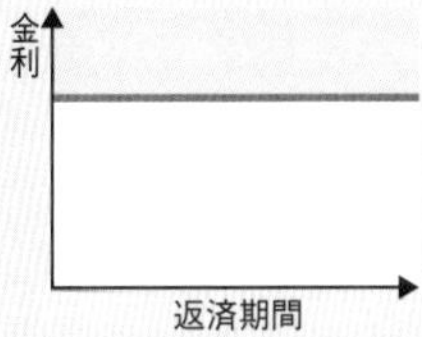

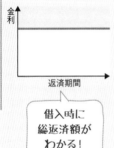

借入時に総返済額がわかる！

目的型ローンの1つ「住宅ローン」は、金利タイプや返済方法、返済期間をどうするかが利用のポイントです。

住宅ローンの📌金利には上の3つのタイプがあります。

また返済方法には、月々の返済額が一定で、返済計画が立てやすい「元利均等返済法」と、月々の返済額のうち元金の額が一定で、当初の返済額は高いが次第に返済額が減っていく「元金均等返済法」の2つがあり、前者が主流です。

なお住宅ローンの利用は担保の提供が必須で、取得する不動産には※抵当権が設定されることも覚えておきましょう。

※ローン返済が不履行になった場合に金融機関が担保物件を差し押さえる権利。

# 収益、費用、利益…
# 会社のお金にも強くなろう

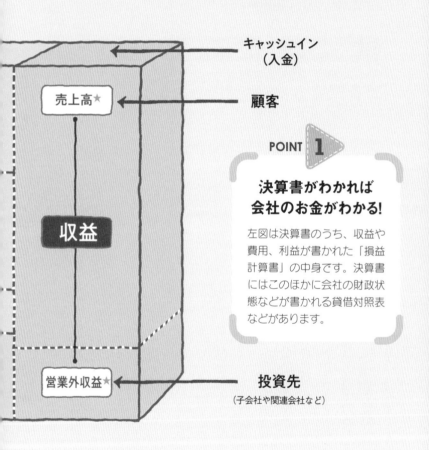

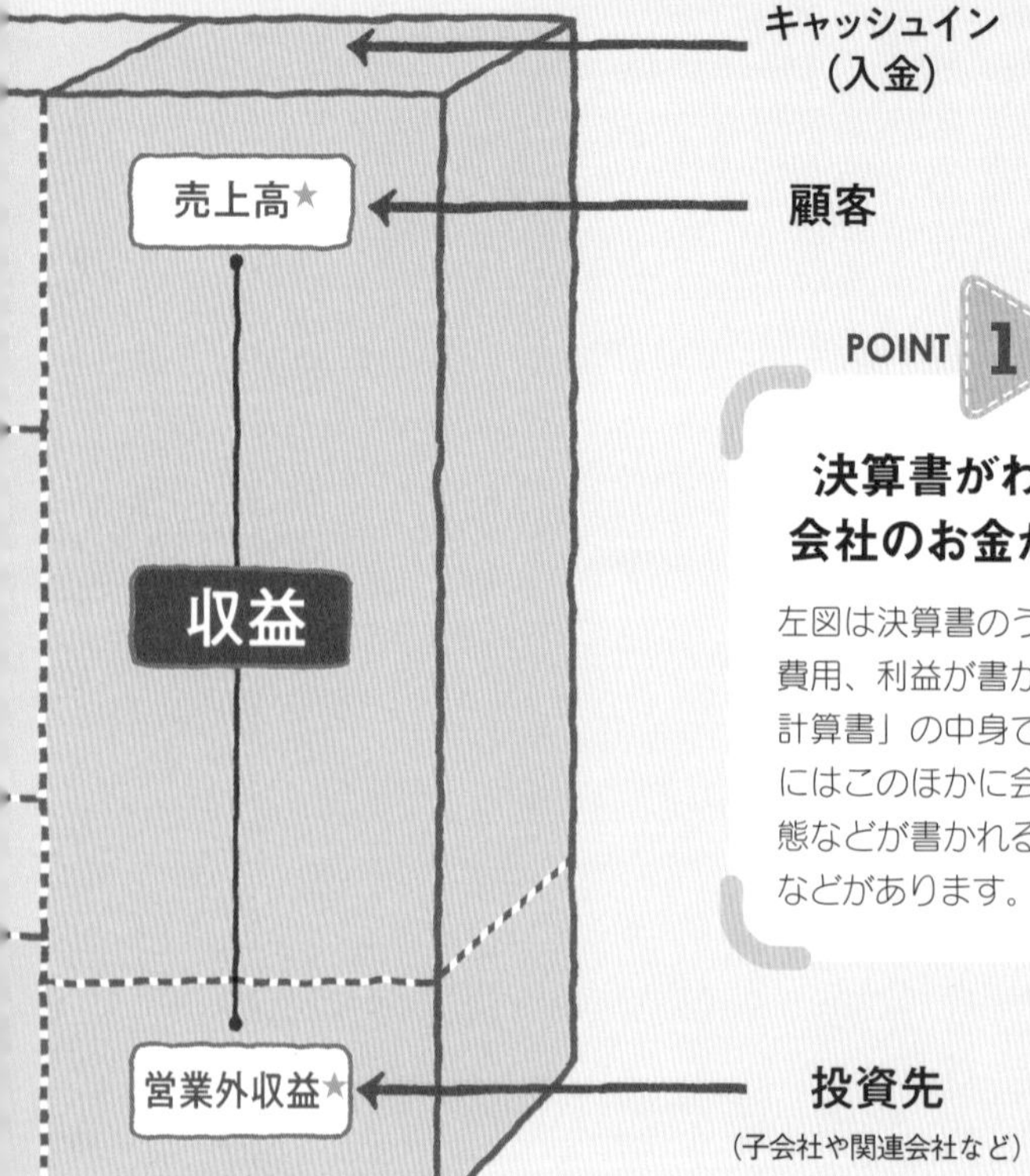


POINT 1

**決算書がわかれば
会社のお金がわかる！**

左図は決算書のうち、収益や費用、利益が書かれた「損益計算書」の中身です。決算書にはこのほかに会社の財政状態などが書かれる貸借対照表などがあります。

POINT 2

## 収益－費用＝会社の利益!

「会社の利益とは売上のこと」ではありません。会社が獲得した「収益」から「費用（コスト）」を差し引いた残りが、会社の「利益」です。

▼会社の収益・費用・利益（損益計算書の中身）

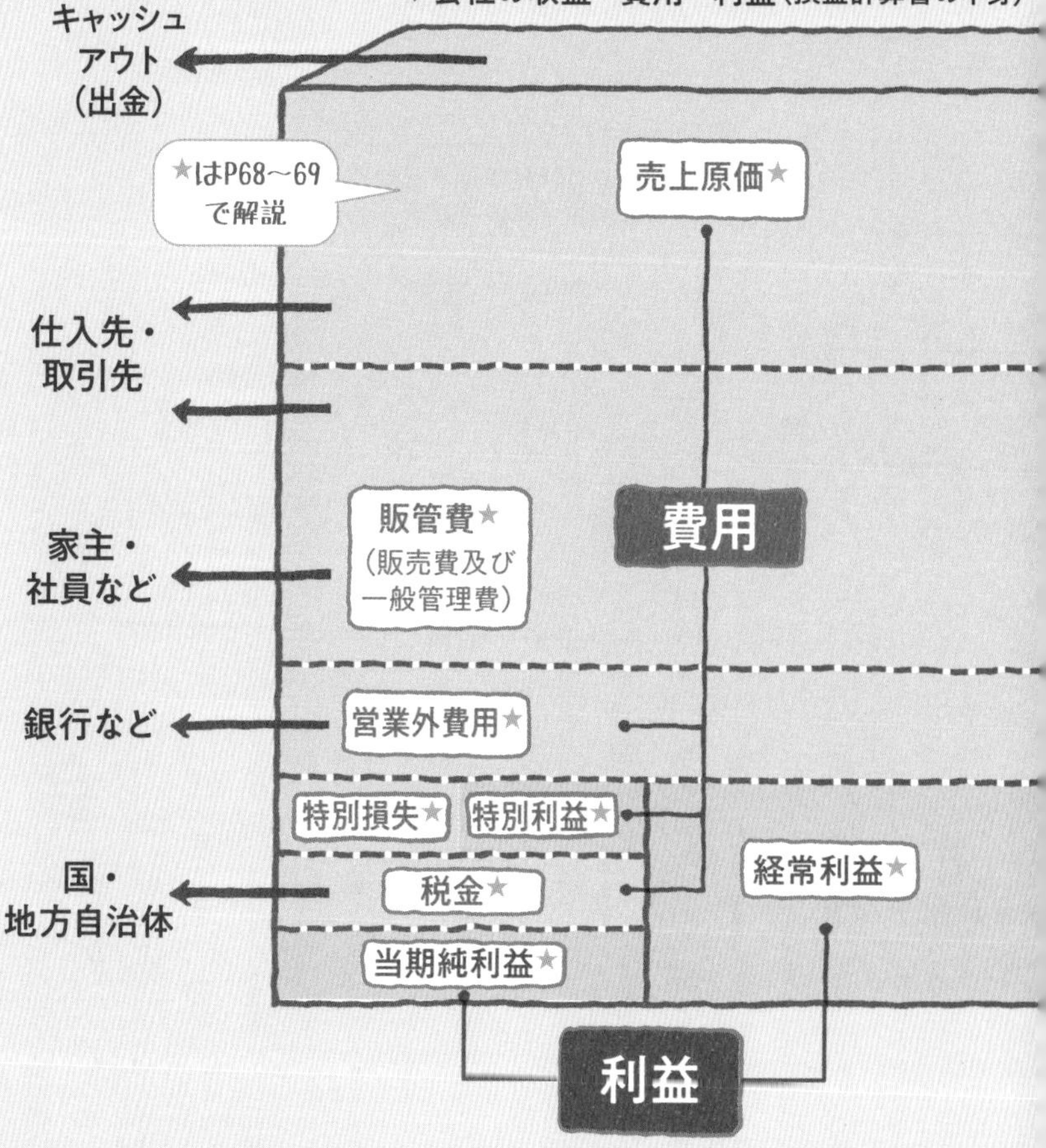

POINT 1

# 決算書がわかれば会社のお金がわかる!

## 貸借対照表はどんな決算書か

下図は貸借対照表を「勘定式」という形式であらわしたものです。左側の「資産」の部には会社の資金を何に振り向けたのか、資金の運用状態が書かれています。一方、右側の「負債」と「純資産」の部には会社の資金をどこからどのように用意してきたか、資金の調達源泉が書かれています。具体的には、資産の部には会社が所有する現預金や不動産、商品など、負債の部には銀行からの借金や未払いの仕入代金など、純資産の部には株主が出資したお金や会社の儲けの蓄えなどが書かれています。

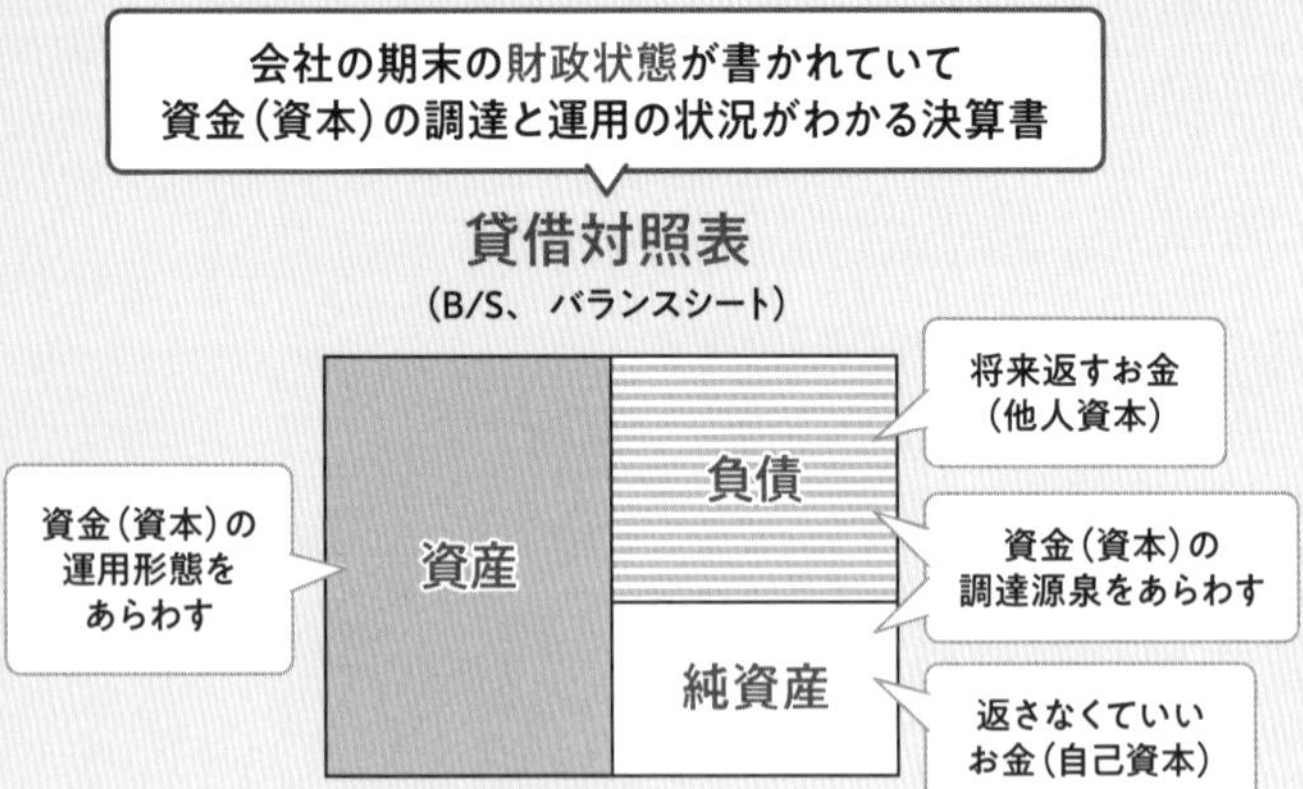


**会**社は1年間の業務を終えると、締めくくりとして1年間の経営活動の結果を総まとめします。この作業を「決算」といい、作成する書類を「決算書」※1といいます。決算書の作成は法律によってすべての会社で作成が義務づけられています。

決算書には重要な書類が2つあります。1つは「貸借対照表」で、もう1つは「損益計算書」です。**貸借対照表には決算時点での会社の財政状態が書かれています。**これを見ると、会社の資金（資本）がどこから調達されて、いまどのように運用されているかがわかります。

右上の図のように、資産、負債、

※1　財務諸表ともいう。

## 損益計算書はどんな決算書か

下図は損益計算書を「勘定式」という形式であらわしたものです。右側の「収益」の部は会社が経営活動で得た収入です。また左側の「費用」の部は収益を上げるために会社が使ったお金、「利益」の部は収益から費用を差し引いた残りです。具体的には、収益の部には商品やサービスの売上高や会社が本業以外の投資などで得たお金など、費用の部には売上を上げるために直接かかった費用や社員の給与などが書かれ、利益の部は〈収益－費用〉でプラスなら利益、マイナスなら損失となります。

**会社の1年間の経営成績が書かれていて**
**売上（収益）や費用、利益がわかる決算書**

**損益計算書**
**（P/L、プロフィット&ロス・ステートメント）**

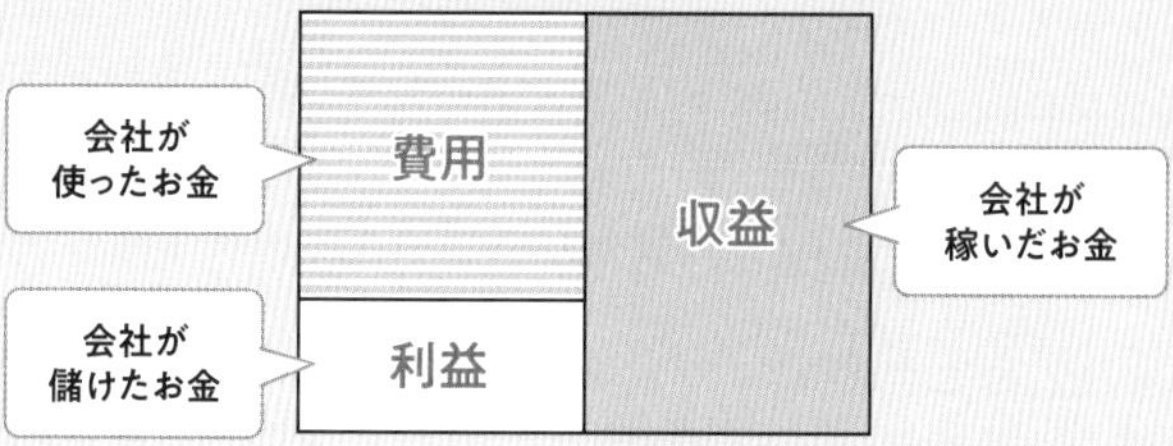


純資産の3つの部からできていて、資産の額と、負債と純資産の合計額は必ず一致します。

一方、**損益計算書は1年間で売上や利益がどれだけあったかをまとめた書類**、つまり会社の1年間の経営成績が書かれた書類です。左上の図のように、収益、費用、利益の3つの要素に分かれます。会社のお金がどうなっているかは、これらの決算書を見ればわかるようになっています。

なお証券取引所に上場している会社は、決算時に「キャッシュ・フロー計算書」[※2]という書類の作成も義務づけられています。

※2　会社の現金（キャッシュ）の出入りと、会社に残った残額がわかる書類。

POINT 2

# 収益ー費用＝会社の利益!

## 損益計算書（報告式）の5つの利益とは

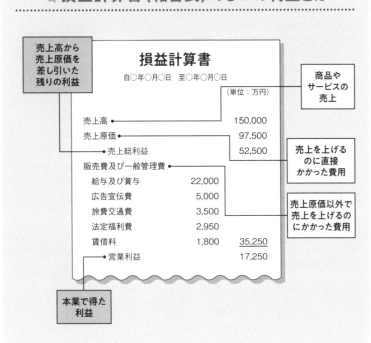

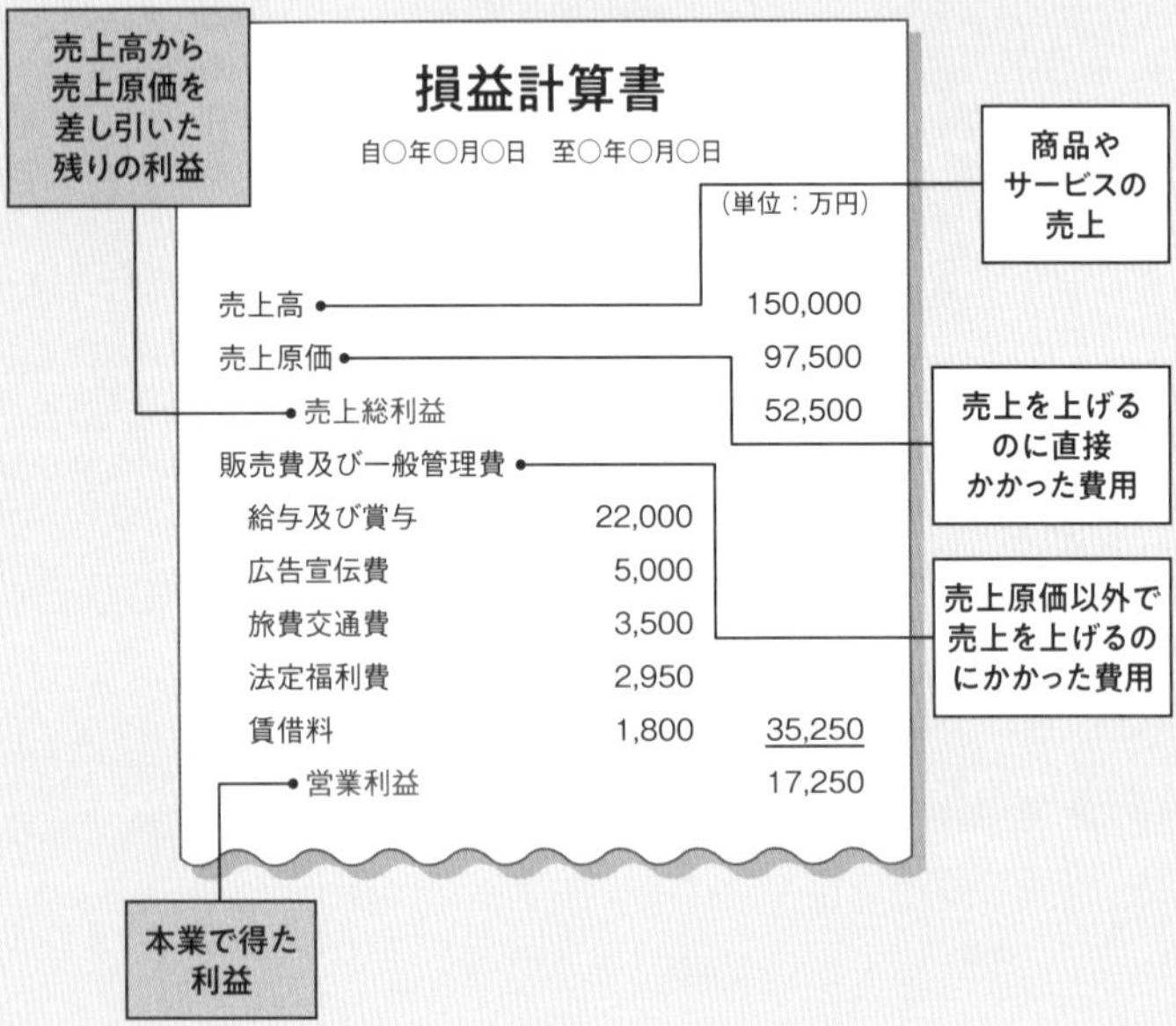

売上高から売上原価を差し引いた残りの利益
損益計算書
自○年○月○日　至○年○月○日
（単位：万円）
売上高　150,000
売上原価　97,500
売上総利益　52,500
販売費及び一般管理費
給与及び賞与　22,000
広告宣伝費　5,000
旅費交通費　3,500
法定福利費　2,950
賃借料　1,800　35,250
営業利益　17,250
商品やサービスの売上
売上を上げるのに直接かかった費用
売上原価以外で売上を上げるのにかかった費用
本業で得た利益


損益計算書は「勘定式」と「報告式」という2つの形式があります。64ページや67ページの図が勘定式で、このページの上図が報告式です。

そこで64ページの図をもう一度見てください。会社に入ってくるお金（キャッシュイン）は、会社が本業で得た売上高や、投融資の成果などの営業外収益といった「収益」です。一方、会社から外部へ出ていくお金（キャッシュアウト）は、仕入代金などの売上原価や、社員の給与などの販管費、借入金の利息などの営業外費用、法人税など税金といった「費用」です。そして収益から費用を差し引い

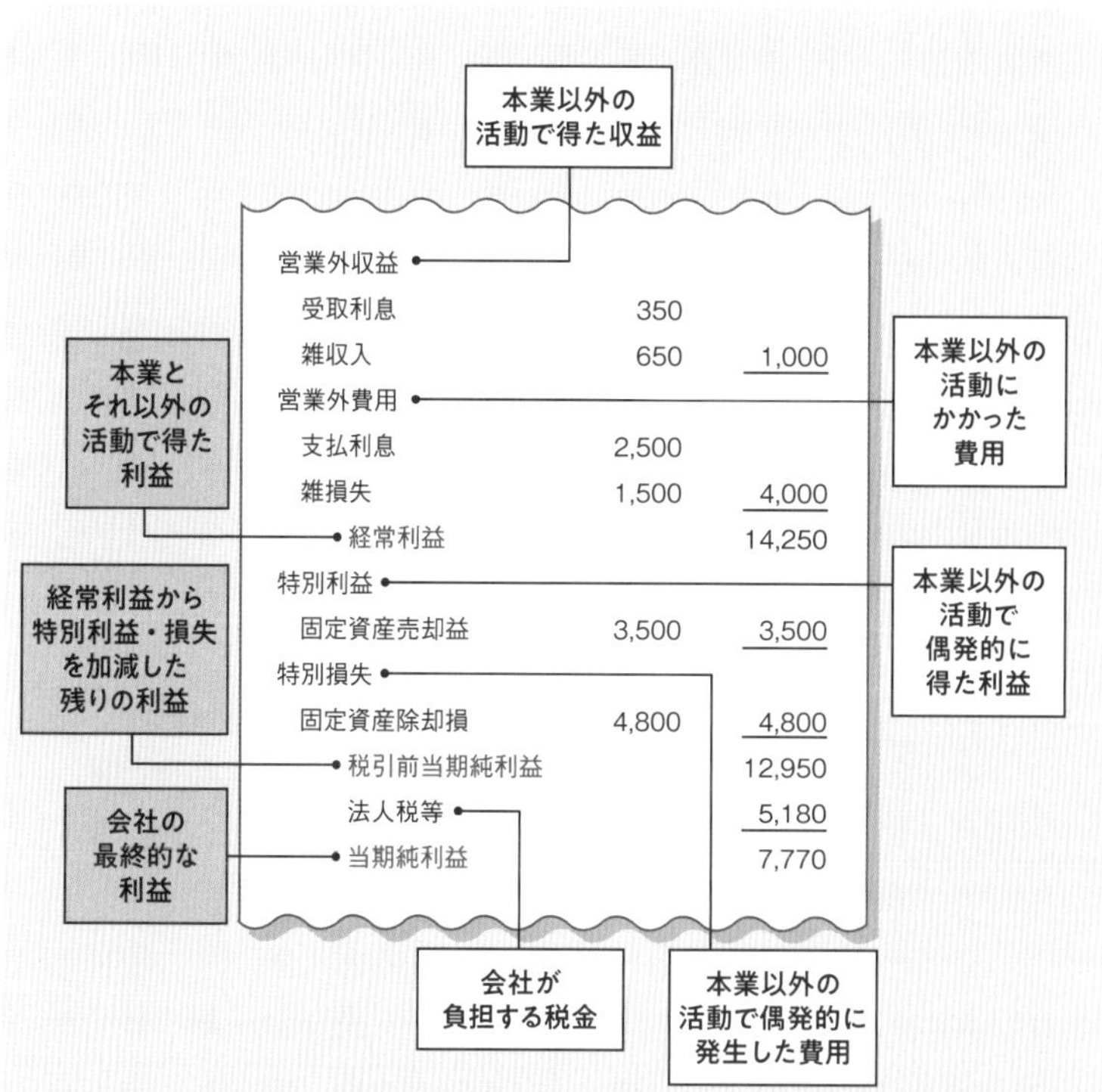


た残りが会社の「利益」です。

次に損益計算書を報告式であらわした上図を見てください。このように**利益には5つの種類があります**。まず売上高から売上原価を差し引いた残りが「粗利（あらり）」と呼ばれる売上総利益、ここから販管費を差し引いた残りが会社の本業で上げた利益である営業利益です。経常利益は「ケイツネ」と呼ばれ、一般的に最も重視される利益です。ここから本業以外で偶発的に発生した収益と費用を加減したものが税引前当期純利益、さらに法人税等（税金）を差し引いたものが会社に最終的に残った利益の当期純利益です。

Money Column

# 「長期投資は複利が有利」というのはなぜ？

金利の計算方法の1つに「**複利**（ふくり）」と呼ばれるものがあります。複利とは、簡単にいうと**利息に利息がつく計算方法**のことです。例えば、年利1％で100万円預けたとすると、翌年までに利息が1万円つきます。この利息1万円を引き出さずにおくと、翌々年は元利合計の101万円に対して利息がついて、1万円ではなく、1万100円の利息がつくのです。単純に年1万円の利息がつく「単利（たんり）」に比べて、とくに長期投資では複利が有利になります。

複利だと、どれだけ大きく元利合計が増えるか、それがわかるのが「**72の法則**」です。「**72を年利（％）で割ると、複利で元本が2倍に増えるおおよその期間（年数）がわかる**」というものです。例えばここでは、複利で借金をした場合を考えてみましょう。仮に年利15％のカードローンを借りて、利息も返済しないとしたら、何年で元利合計が2倍になるでしょうか。「72÷15＝4.8」ですから、5年もたたないうちに借金が倍になることがわかります。

この元利合計の増え方を投資に利用すれば、逆にお金を有利に増やすことが可能です。超低金利の時代では大きな差は出ないかもしれませんが、それでも必ず単利よりも増えます。とくに**長期の投資では単利と複利の差は広がる**ことでしょう。

複利という考え方を知っておいて、単利と複利が選べ、年利が同じ金融商品があれば、絶対に複利を選ばないとソンです。

Chapter

2

Money Basics

＼意外と知らない／

# 税金・社会保険・年金

Money 13 Basics

# なぜ税金を払う？ 税金は何にかかる？

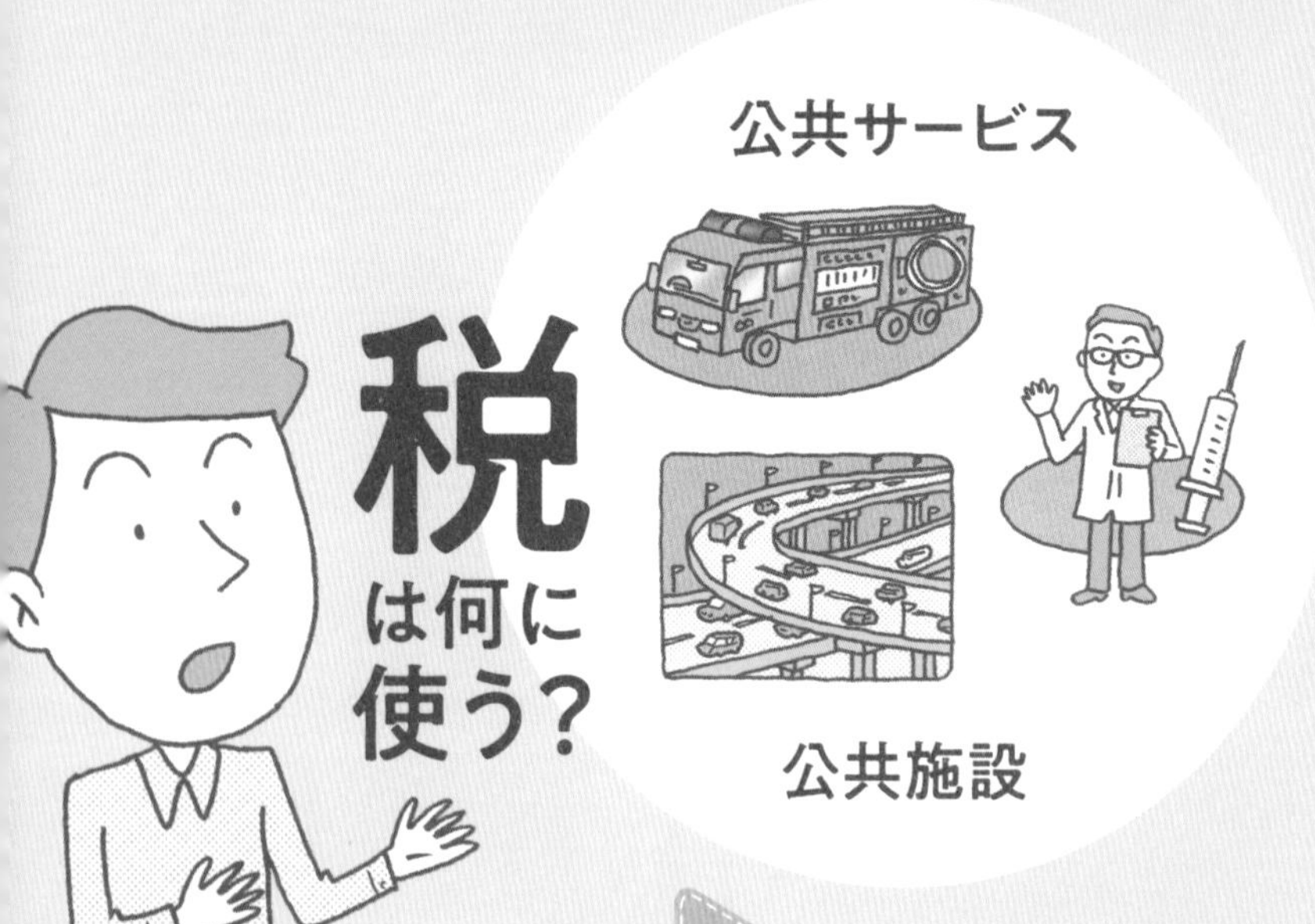


POINT 1

## 税金は公共サービスなどの財源となる！

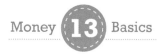

国や地方自治体が提供するさまざまな公共サービス、公共施設にかかる費用は、広く公平に負担するため、税という形で調達され、まかなわれます。

POINT 2

## 税金は約50種類！
## 課税対象はさまざま！

個人の所得にかかる所得税や、会社の利益にかかる法人税、商品の販売・サービスの提供にかかる消費税、住んでいる地方自治体に支払う住民税など、税金は約 50 種類もあります。

POINT 1

# 税金は公共サービスなどの財源となる!

## 税収はどんな内訳か

2021年度の税収は、国税が71兆円強、地方税が42兆円強でした。国税は所得税・法人税・消費税の３つで全体の約8割を占めます。国税の「その他」には相続税や酒税、たばこ税、揮発油税などが含まれます。

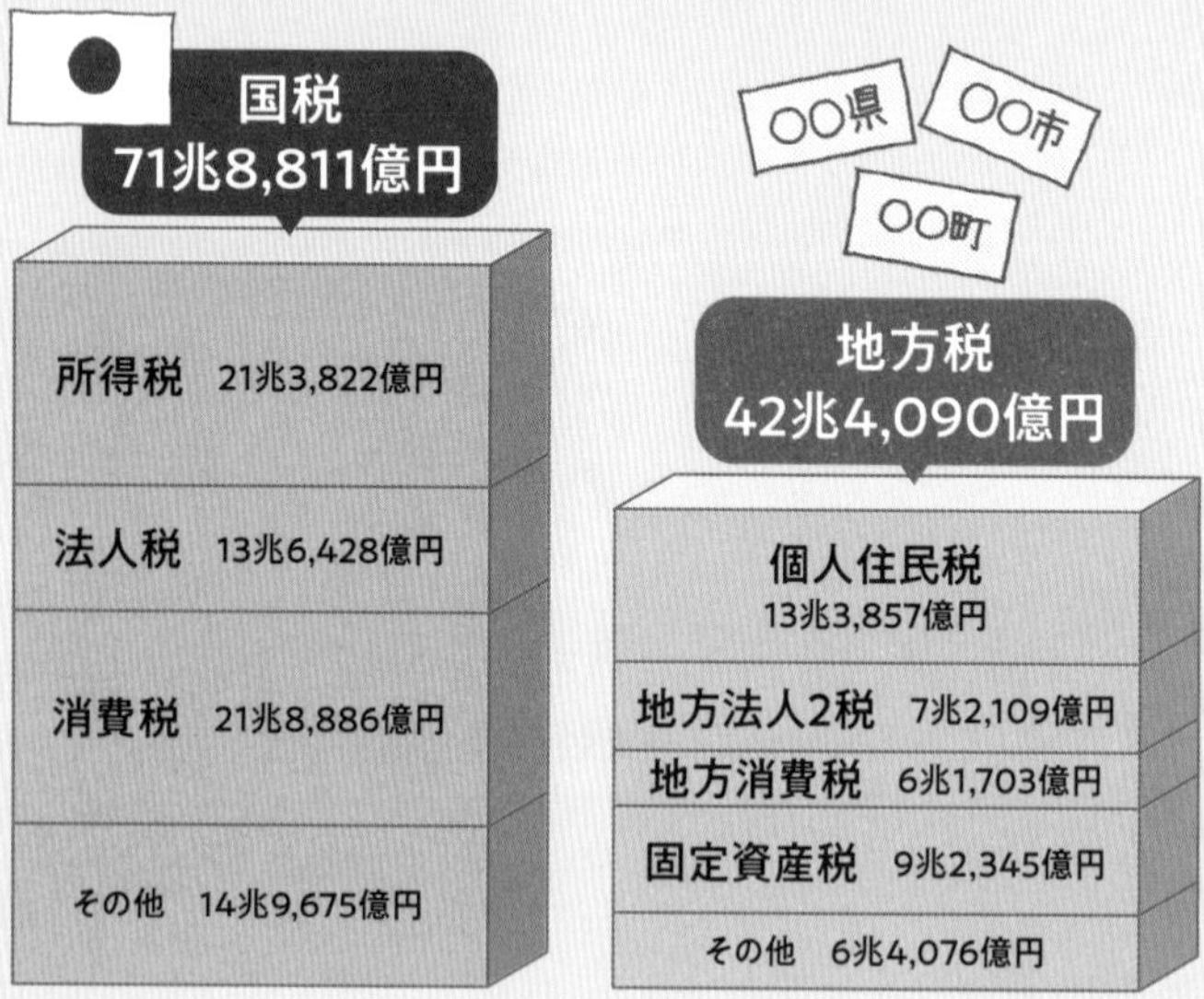


働いて得たお金には税金がかかります。買い物をしても税金がかかるし、持ち家にも税金がかかります。

これらの税金は、国や地方自治体が提供する公共サービスや公共施設を運営する財源となります。警察や消防、ゴミ収集、医療や福祉、教育などの公共サービス、道路や水道、学校、図書館などの公共施設にかかる費用は、みんなで負担するという考えにもとづいて、税金は徴収されます。

ちなみに2021年度の税収は国税が71兆8811億円[※1]で、地方税が42兆4090億円[※2]でした。

※１　地方法人特別税を含む。　※２　地方法人特別譲与税を除く。

# POINT 2 税金は約50種類！課税対象はさまざま！

## 税金にはどんな種類があるか

国がかける税金には、所得税や法人税、消費税、酒税、たばこ税、相続税、贈与税などがあります。

一方、地方自治体がかける税金には、住民税や事業税、地方消費税、自動車税、固定資産税などがあります。

| | 所得にかかる税金 | 消費にかかる税金 | 資産などにかかる税金 |
|---|---|---|---|
| 国税 | ・所得税<br>・法人税<br>・地方法人税　など | ・消費税<br>・酒税<br>・たばこ税<br>・揮発油税<br>・関税　など | ・相続税<br>・贈与税<br>・登録免許税<br>・印紙税　など |
| 地方税 | ・住民税<br>・事業税　など | ・地方消費税<br>・地方たばこ税<br>・ゴルフ場利用税<br>・自動車税<br>・軽自動車税<br>・入湯税　など | ・不動産取得税<br>・固定資産税<br>・都市計画税<br>・事業所税　など |

約50種類の税金は、い**くつかの分類方法があります。**まず税金の納付先（課税主体）により「国税」と「地方税」に分けられます。また何に税金がかかるか（課税対象）により「所得課税」「消費課税」「資産課税等」に分けられます。さらに税を負担する人と、税を納める人が同じであるものを「直接税」、異なるものを「間接税」といいます。

なお、納税の仕方には、納める税額を納税者自身が計算して納付する「申告納税方式」と、税額を国や地方自治体が計算して納税者に通知する「賦課課税方式」があります。

# 消費税とは何か？ 何に使われている？

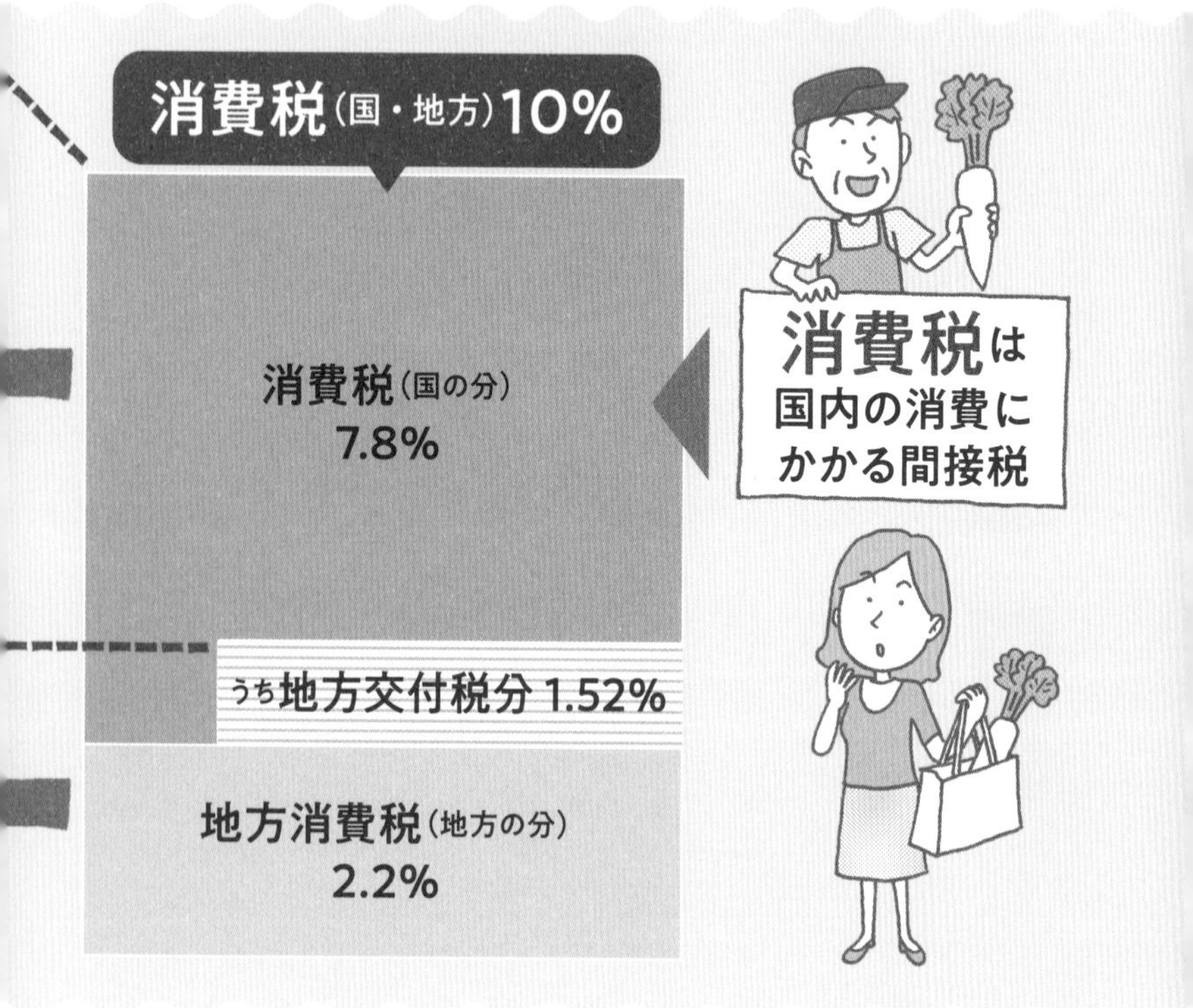


**消**費税は国内でのモ**ノの販売やサービスの提供に対してかかる間接税**です。

税率は10％ですが、特定の商品は**軽減税率8％**が適用されます。税率10％のうち、国の消費税分は7・8％で、2・2％は地方消費税です。

消費税は税を負担する（払う）人と、税を納める人が異なり、税を納める納税義務者は、売上にかかわる消費税額から、仕入にかかわる消費税額を差し引いた差額を納付します。

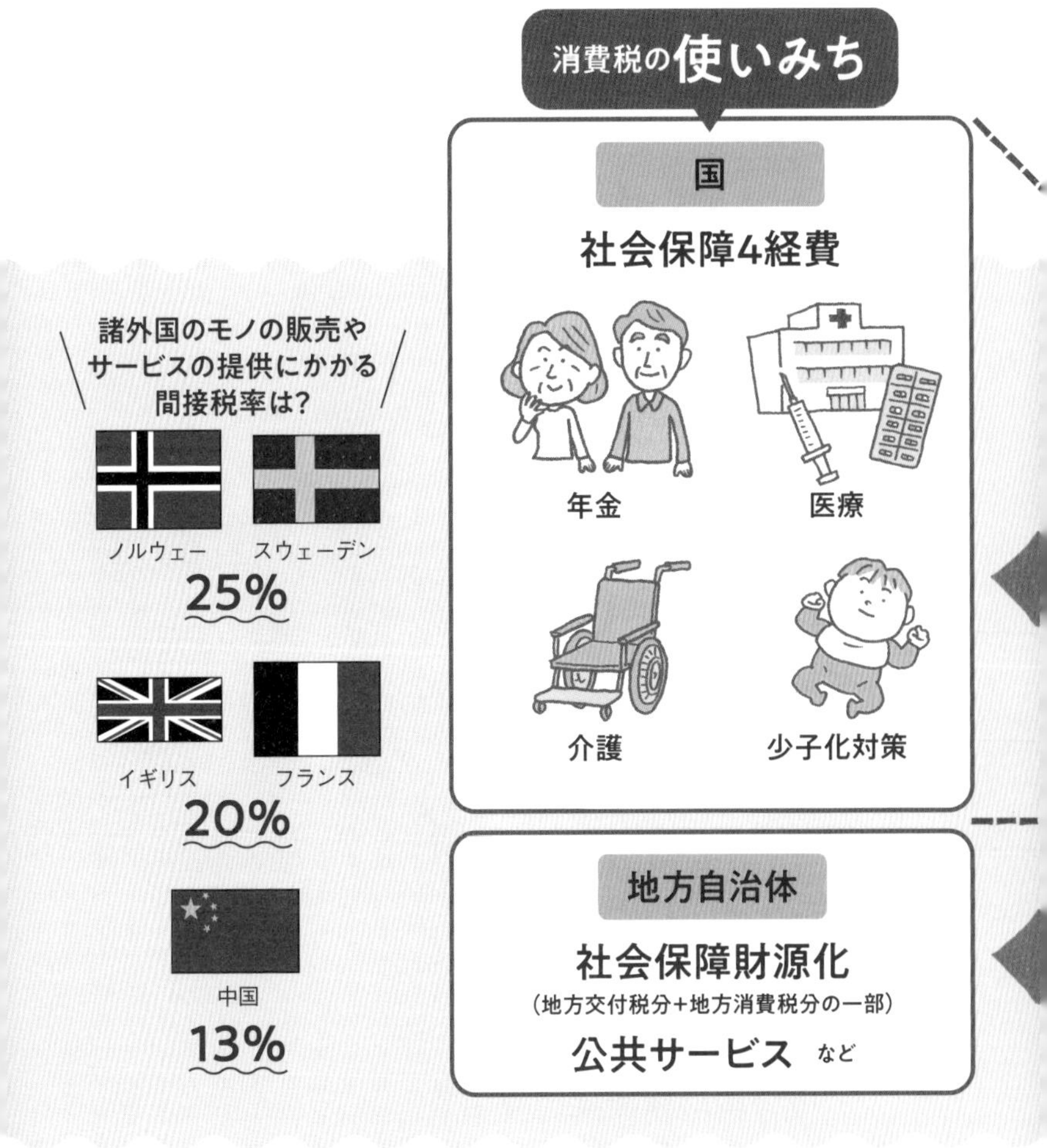


これまで消費税率はたびたび引き上げられていますが、日本の消費税率は国際的に見ると、まだかなり低い状況で、今後もアップしそうです。

では、消費税はいったい何に使われているのでしょうか。

消費税の税収は、主に**医療や年金、介護などの社会保障**に使われています。社会保障費は少子高齢化などを背景に増加傾向にあります。

これが消費税が今後も引上げが見込まれる背景なのです。

Money 15 Basics

# 所得税とは何か?
# 住民税とは何か?

POINT 1

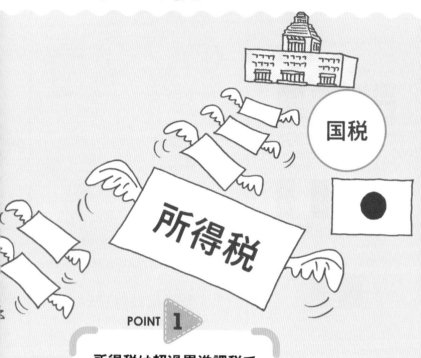

## 所得税は超過累進課税で各種の控除あり!

個人の所得税は国に納める国税です。その年の1月～12月の所得に対してかかります。また税率は所得額に応じて高くなる「超過累進課税」になっています。

POINT 2

## 住民税の額は所得割＋均等割！

個人の住民税は住んでいる地方自治体に納める地方税です。前年の１年間の所得に対してかかります。税率は所得額にかかわらず一定です。

POINT 1

# 所得税は超過累進課税で各種の控除あり!

## 収入から差し引かれるさまざまな控除

給与所得控除は会社員の必要経費のようなもの。所得控除の１つの「基礎控除」はすべての人に適用される控除。税額控除には「住宅ローン控除（住宅借入金等特別控除）」などがあります。

**給与所得控除**
- 給与などの収入から、その額に応じて無条件に差し引かれる

**所得控除**
- 条件を満たす場合に所得から差し引かれる
- 基礎控除、医療費控除、社会保険料控除、配偶者控除、扶養控除などがある

**税額控除**
- 条件を満たす場合に、所得税額から直接差し引かれる
- 住宅ローン控除、配当控除がある

国に納める所得税は、給与や年金などの所得にかかる税金です。所得とは、収入から、その収入を得るためにかかった費用を差し引いた、残りの額です。所得税は、その年の1月～12月の所得にかかるので正確な税額は年末まで確定しません（会社員は会社が年末調整を行う☞P82）。

所得税は、所得のすべてにかかるわけではなく、**給与所得控除や各種の所得控除などを差し引いた**あとの「課税所得金額」に対してかかります。

また税率は、所得額が高いほど税率も高くなる「超過累進課税」になっています。

# POINT 2 住民税の額は所得割＋均等割！

## 住民税の内訳はどうなっているか

住民税の額は所得割と均等割の合計額です。税額は地域間での差はほとんどありませんが、地方自治体によっては法令に基づく範囲内で環境税などを加えているケースもあります。

**住民税**
（税率・税額は千葉県市川市の例）

**所得割**

| | |
|---|---|
| 税率 10% | 道府県民税　4% |
| | 市町村民税　6% |

※東京都は都民税、
23 区は特別区民税

＋

**均等割**

| |
|---|
| 道府県民税　1,500 円（年額） |
| 市町村民税　3,500 円（年額） |

※令和 6 年度から新たに森林環境税（国税）が導入され、個人住民税の均等割とあわせて徴収されるため均等割の税額が変わる。

地方自治体に納める住民税は「道府県民税」と「市町村民税」を合わせた呼称です。どちらの税にも**前年の所得額に応じて課される「所得割」**と、**所得額にかかわらず一律で平等に負担する「均等割」**があり、これらをまとめて住民税として納付します。

前年1年間の所得に対して課税され、課税する地方自治体が税額を計算して納税者に通知します（※賦課課税方式）。

税額の決定通知書は、住所のある市区町村から毎年6月頃に届きます。会社員の場合、前年の住民税は翌年6月～翌々年5月に給与から天引きされます。

※所得税など納税者自身が申告して税額を確定する方式は「申告納税方式」。

# 確定申告、源泉徴収、年末調整とは何か？

POINT 1

## 所得税は原則確定申告を行う！

「申告納税制度」にもとづき、所得税は原則として1月～12月の1年間の所得にかかる税額を自分で計算し、税務署に申告して納付します。これが確定申告です。

POINT 2

## 源泉徴収した税を年末調整で精算!

会社員などは、会社が給与から所得税に相当する額を天引きして税務署に納付します。これが源泉徴収です。正しい税額は年末に確定するので、会社は年末調整という精算の作業を行います。

POINT 1
# 所得税は原則確定申告を行う!

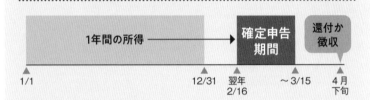

## 1/1〜12/31の所得を翌年2/16〜3/15に確定申告

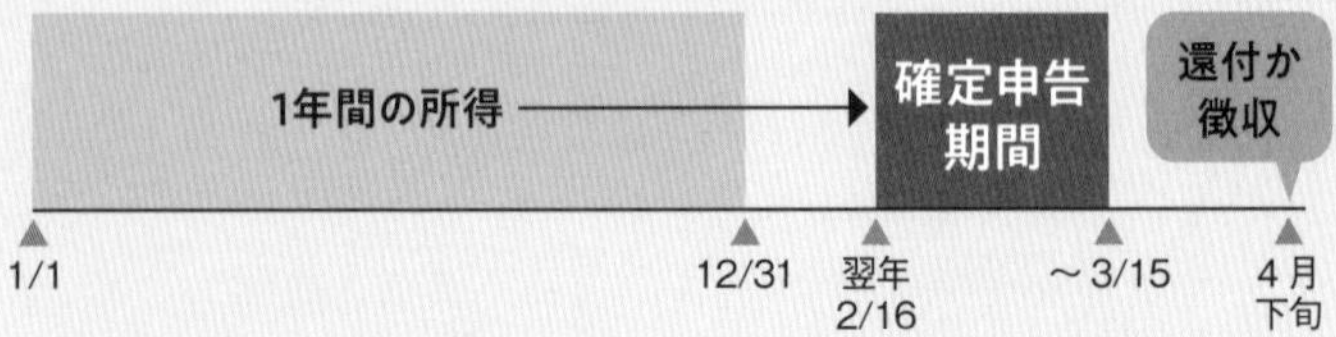


## 会社員でもこんなときは確定申告が必要

**住宅借入金等特別控除を受けたい**

住宅ローンを利用して家を購入した場合。初年度だけ自分で確定申告が必要。次年度以降は会社の年末調整でOK

**医療費控除を受けたい**

1年間の医療費が合計10万円を超えた場合（総所得200万円以上の場合）

**寄付金控除を受けたい**

ふるさと納税の控除を受ける場合など

納税者が自分で所得などの申告を行い、税額を計算して納税するしくみを「申告納税制度」といいます。所得税は年に一度、**2月16日頃〜3月15日頃の間に、前年1年間で得た所得にかかる税額を自ら計算して税務署に申告し、納税します。**これが「確定申告」です。

個人事業主や年金生活者は確定申告によって所得税を納めますが、給与所得者である会社員など**本来、確定申告の必要がない人でも確定申告をしたほうが有利なケースもあります。**

なお、会社員でも年収2000万円を超える人、副業がある人などは確定申告が必要です。

# POINT 2 源泉徴収した税を年末調整で精算！

## 源泉徴収額と納付すべき税額を精算する

1年間の給与などの収入額から、給与所得控除や配偶者控除、扶養控除などの控除額を差し引いて課税所得額を計算します。課税所得額に対する税額が毎月源泉徴収した合計額よりも少なければ還付を受け、多ければ追加で徴収されます。

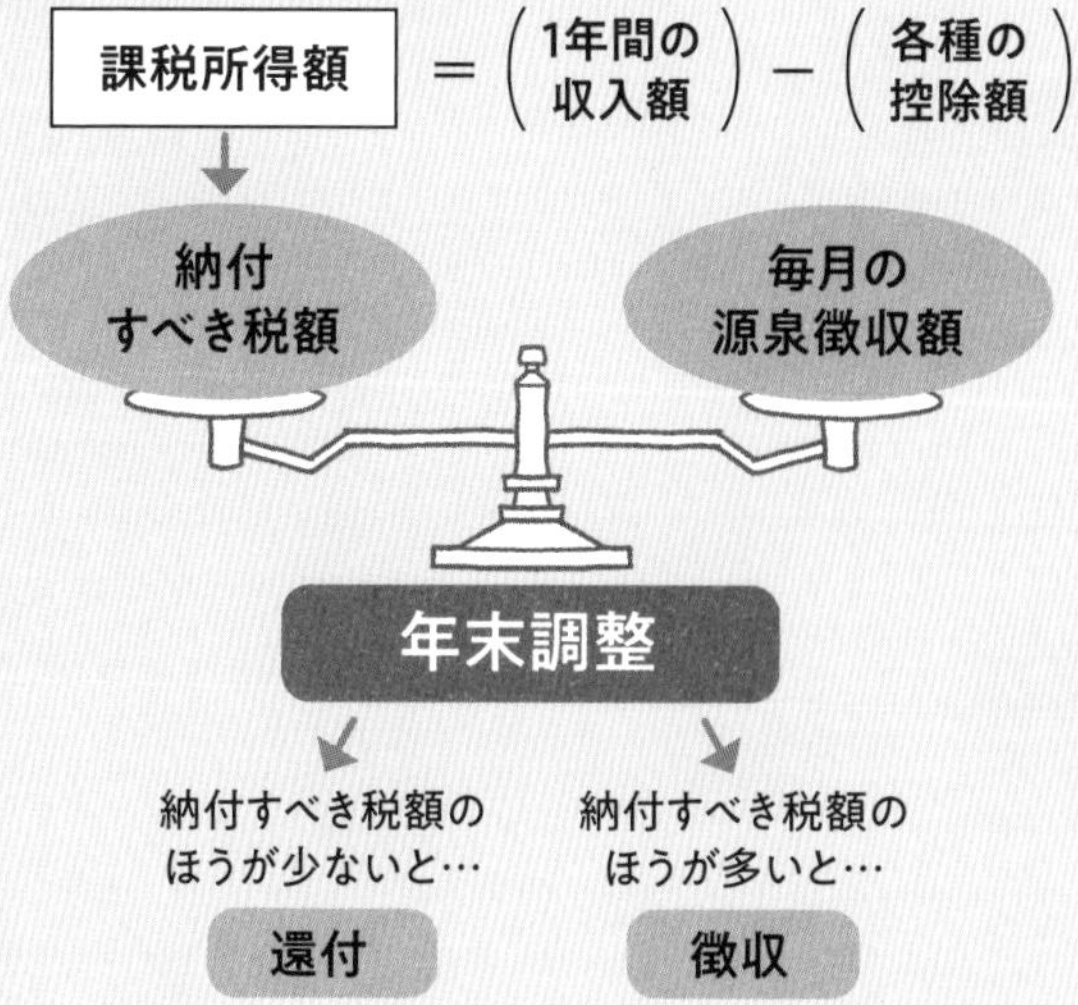


会社員などは通常、自分で確定申告はしません。それは会社が給与や賞与を支給する際に、所得税に相当する額を天引きして税務署に納付するからです。これが「源泉徴収」です※。源泉徴収は会社が外部の個人事業主に支払う報酬などに対しても行います。

ただし源泉徴収されるのはあくまで見込みの税額なので、12月に年間の所得が決まったら、会社は納付済みの税額と、**実際に納付すべき税額の〝精算〟を行います。これが「年末調整」です。**年末調整により納付しすぎた税金分は還付され、不足分は徴収されます。

※住民税も同じように特別徴収されて自治体に納付。

# 社会保険には どんなものがある?

POINT 1

## 社会保障の中心は 5つの社会保険!

社会保障制度の中心となるのが、医療、介護、年金、雇用、労災の5つの社会保険です。会社に入ると強制加入となる健康保険、介護保険、厚生年金保険の3つを、狭い意味での社会保険といいます。

POINT 2

## 会社員の社会保険料は給与から天引き！

会社員が支払う、狭い意味での社会保険の保険料と、雇用保険の自己負担分は全額が毎月の給与から天引きされます。またこれらの保険料は全額が「所得控除」されます。

**所得控除とは**

所得税を計算する際に、税の申告者の個人的な事情を加味して、所得金額から所定の額を差し引き、所得税の負担を軽減する制度。

POINT 1

# 社会保障の中心は5つの社会保険！

## 社会保険の種類

医療保険、年金保険は職業により加入する社会保険の種類が異なります。労働保険は労働者の雇用や生活を守るための社会保険で、会社の社長や個人事業主は原則として加入できません。
なお労働保険料のうち、雇用保険の分は事業主と労働者が分担して支払います。一方、労災保険の分は全額が事業主負担になります。

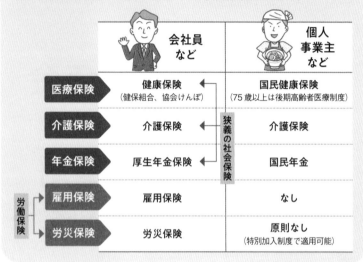

| | | 会社員など | 個人事業主など |
|---|---|---|---|
| 狭義の社会保険 | 医療保険 | 健康保険（健保組合、協会けんぽ） | 国民健康保険（75歳以上は後期高齢者医療制度） |
| 狭義の社会保険 | 介護保険 | 介護保険 | 介護保険 |
| 狭義の社会保険 | 年金保険 | 厚生年金保険 | 国民年金 |
| 労働保険 | 雇用保険 | 雇用保険 | なし |
| 労働保険 | 労災保険 | 労災保険 | 原則なし（特別加入制度で適用可能） |

健やかで安心できる生活を送るための社会保障制度の中心が**医療、介護、年金、雇用、労災の社会保険**です。

会社員などは、公的な医療保険は健康保険に、年金保険は厚生年金保険に加入します。

一方、個人事業主などは国民健康保険と国民年金に加入します。介護保険は40歳になってから保険料の負担が発生します。

失業手当などを支給する雇用保険と、仕事中・通勤中のケガや病気・死亡に対して給付を行う労災保険（労働者災害補償保険）は、合わせて労働保険と呼びます。

※業務災害は負傷・疾病・死亡。

# POINT 2 会社員の社会保険料は給与から天引き!

## 社会保険料は標準報酬月額をもとに決定

標準報酬月額の算出手順は下のとおりです。報酬月額は１ヵ月の給与の額で、基本給のほか通勤手当や残業手当、役職手当なども含まれます。また標準報酬月額表は都道府県ごとに作成されます。なお標準報酬月額の算出は年１回の定時決定のほかに、被保険者資格を取得したときや、報酬額が途中で大きく変わったとき（随時改定）にも行います。

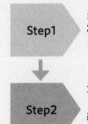

**Step1**　当年の４月、５月、６月の３ヵ月間に支払われた報酬月額の平均額を計算する

↓

**Step2**　算出した報酬月額の平均額を「標準報酬月額表」の等級区分にあてはめて標準報酬月額を求める

↓

**Step3**　社会保険料を〈標準報酬月額×保険料率〉で計算する

標準報酬月額の決定は
4月～6月の給与額が
ポイントです！

**会**社員が強制加入となる健康保険、介護保険、厚生年金保険は「狭義(きょうぎ)の社会保険」と呼びます。

雇用保険を含めた社会保険料の自己負担分は給与から天引きされます。そのため確定申告は必要ありません。なお社会保険料は全額が所得控除(しょとくこうじょ)されます。

社会保険料の額は「標準(ひょうじゅん)報酬月額(ほうしゅうげつがく)」をもとに決まります。標準報酬月額は毎年1回、7月に算出が行われ（定時決定(ていじけってい)）、これをもとに決まった新しい社会保険料は9月から翌年8月までの向こう1年間適用されます。狭義の社会保険料は会社と折半が基本です。

# 毎月の給与明細書には何が書かれている？

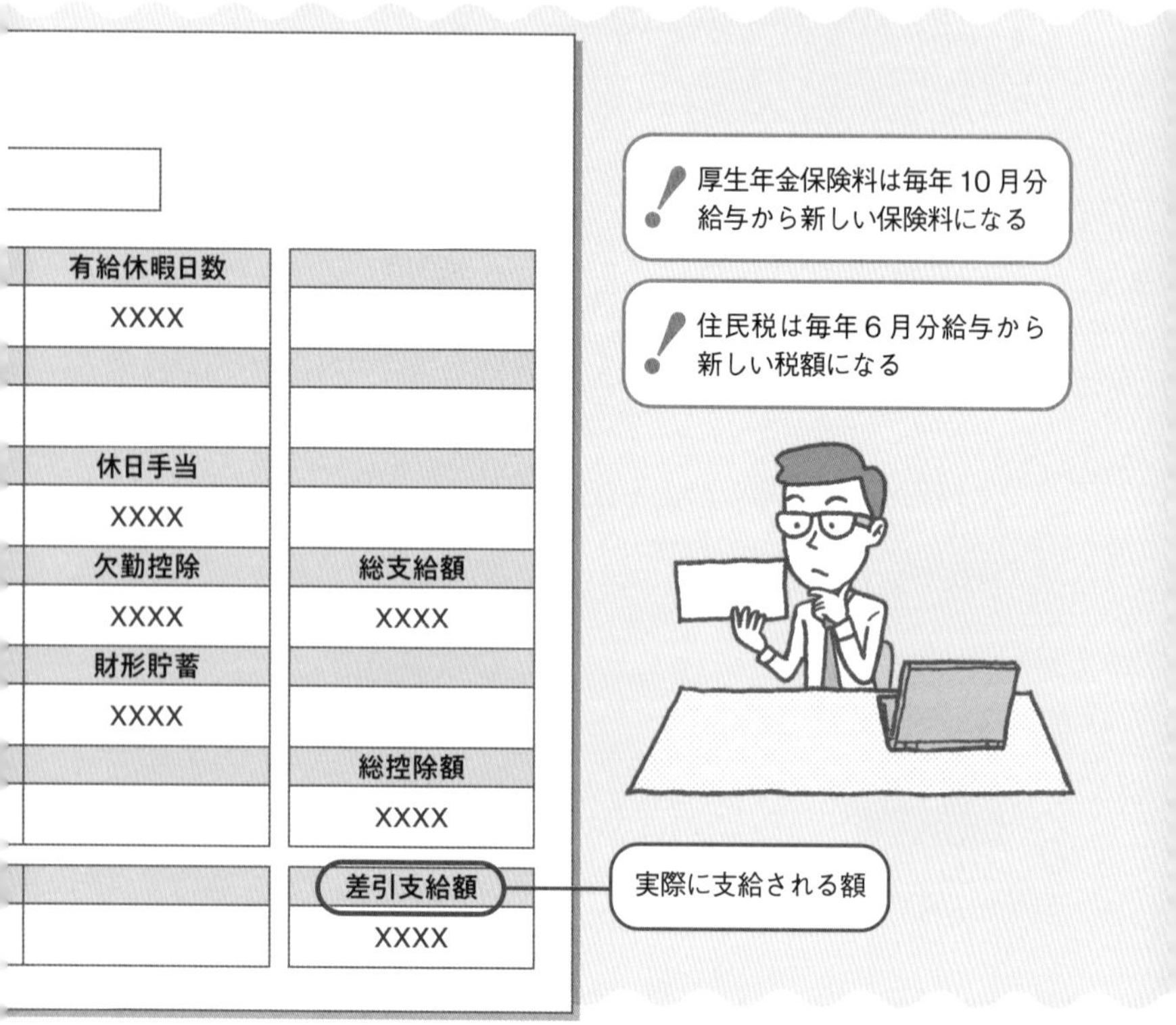

有給休暇日数
XXXX
休日手当
XXXX
欠勤控除
XXXX
財形貯蓄
XXXX
総支給額
XXXX
総控除額
XXXX
差引支給額
XXXX
厚生年金保険料は毎年10月分給与から新しい保険料になる
住民税は毎年6月分給与から新しい税額になる
実際に支給される額

毎月受け取る給与明細書に、何が書かれているのか、あなたは目を通して確認していますか。

給与明細書に記載される項目や書式は会社によって違いますが、基本的には**勤怠**、**支給**、**控除**の3つに分けられています。

基本給のほか残業代や各種手当でいくらもらっているのか、税金や社会保険料は何に対していくら支払っているのかといった、自分の収入と支出（差し引かれる控除）

当月の出勤・欠勤日数、有給休暇の消化日数、残業時間など

基本給と各種手当のほか、遅刻や早退、欠勤など不就労控除の額など

支給額から天引きする社会保険料や税金など法定控除の額。また会社によって社員親睦会費、個人によって財形貯蓄などが控除される

202X年4月分　**給与支払明細書**

| 部署名 | XXXX | 社員No. | XXXX | 氏名 | XXXX |
|---|---|---|---|---|---|

| | | | | |
|---|---|---|---|---|
| 勤怠 | 労働日数 | 出勤日数 | 休日出勤日数 | 欠勤日数 |
| | XXXX | XXXX | XXXX | XXXX |
| | 普通残業時間 | 深夜残業時間 | 休日残業時間 | |
| | XXXX | XXXX | XXXX | |
| 支給 | 基本給 | 役職手当 | 時間外手当 | 通勤手当 |
| | XXXX | XXXX | XXXX | XXXX |
| | 住宅手当 | 家族手当 | 資格手当 | 遅刻・早退控除 |
| | XXXX | XXXX | XXXX | XXXX |
| 控除 | 健康保険料 | 介護保険料 | 厚生年金保険料 | 雇用保険料 |
| | XXXX | XXXX | XXXX | XXXX |
| | 課税対象額 | 所得税 | 住民税 | 税額合計 |
| | XXXX | XXXX | XXXX | XXXX |

| 総支給額 | 総控除額 | | |
|---|---|---|---|
| XXXX | XXXX | | |

を把握することは、日々のお金のやり繰りや金銭感覚を養ううえでも大事なことです。

とくに**6月に改定される住民税の額や、9月（10月納付分）に見直される厚生年金保険料は、**金額の増減が毎月の家計に影響することもあるので必ず確認しましょう。

会社が自分に払っている給与などから、差し引かれている税金や社会保険料の額を知ることは、お金の知識として大切です。

# 国民年金とは何か？ 厚生年金保険とは何か？

**POINT 1**

## 公的年金制度は2階建て！

建物に見立てると、対象となるすべての人が加入するのが１階部分の国民年金（基礎年金）で、会社員や公務員など一部の人が１階部分に上乗せして加入するのが厚生年金という２階部分です。

2階の厚生年金は国民年金に上乗せするもので会社員や公務員が加入します
国民年金
第3号被保険者
第2号被保険者に扶養される配偶者など
1階の国民年金は基礎年金ともいい、国内在住の20歳以上60歳未満のすべての人が加入します

POINT 2

## 年金をもらえるパターンは3種類！

公的年金には、老齢年金、遺族年金、障害年金があります。年をとってからもらえる年金（老齢年金）は誰もが知っていますが、自分が死亡したときに遺族に支給されたり、自分が重度の障害を負ったときに支給される年金もあります。

POINT 1

# 公的年金制度は2階建て!

## 国民年金と厚生年金の違い

年金には公的なもの、私的なものといろいろありますが、国民年金はすべての人の年金の基礎ともなるものです。そのため基礎年金と呼ばれます。そして会社員や公務員はそれに上乗せする形で厚生年金に加入します。国民年金（基礎年金）の部分は40年間もれなく保険料を支払えば老後に老齢基礎年金として満額の年間約79万円が受け取れます。また厚生年金に加入していた期間がある人は老後に老齢厚生年金として加入期間や現役時代の平均収入などに応じた額を加算して受け取れます。

| | 国民年金 | 厚生年金 |
|---|---|---|
| 加入者は？ | 個人事業主、フリーランス、無職、学生など | 会社員、公務員など |
| 支払う保険料は？ | 一律月額１万6,520円※<br>（第３号被保険者は負担なし） | 標準報酬月額×保険料率<br>（保険料率は18.3%で会社と被保険者が9.15%ずつ折半して負担） |
| 老後に受け取る年金の種類は？ | 老齢基礎年金 | 老齢基礎年金＋老齢厚生年金 |
| 受け取る年金の額は？ | 加入期間により異なるが満額で年間約79万円 | 加入期間や現役時代の平均収入で異なるが年間100数十万～200万円台が多い |

※ 2023年度の保険料。

国が運営する公的年金制度は国民年金（基礎年金）と厚生年金の「2階建て」の構造で、保険加入者は3種類に分けられます。第1号・第3号被保険者は老後に老齢基礎年金を受け取り、第2号被保険者はそれに老齢厚生年金が加算されます。厚生年金は保険料は会社が半分を負担し、基礎年金の給付額は国が半分を負担します。

また公的年金とは別に、会社によっては3階部分として企業年金（確定給付型年金）や企業型確定拠出年金があり、このほかに個人型確定拠出年金（iDeCo）という最近注目の私的年金があります。

# POINT 2 年金をもらえるパターンは3種類!

## 老齢年金、障害年金、遺族年金とは

遺族基礎年金は一番下の子どもが18歳になる年度の3月末まで支給され、基本額のほかに子どもの人数によって加算額があります。また遺族厚生年金は夫の死亡時に妻が40歳以上65歳未満で18歳未満の子どもがいない場合などには中高齢寡婦加算が給付されます。

| | | |
|---|---|---|
| 高齢になった | **老齢年金**<br>原則65歳以上になったら一生涯もらえる | 第１号被保険者は<br>**老齢基礎年金**<br>第２号被保険者は<br>**老齢基礎年金**＋**老齢厚生年金** |
| 障害を負った | **障害年金**<br>重度の障害が残ったら一定条件を満たすともらえる | 第１号被保険者は<br>**障害基礎年金**<br>第２号被保険者は<br>**障害基礎年金**＋**障害厚生年金** |
| 死亡した | **遺族年金**<br>一家の働き手が亡くなったら一定条件を満たす遺族がもらえる | 第１号被保険者の遺族は<br>**遺族基礎年金**<br>第２号被保険者の遺族は<br>**遺族基礎年金**＋**遺族厚生年金** |

年金は高齢になってからもらえるばかりではありません。働く現役世代でも**病気やケガで障害を負ったり、死亡して遺族が残された場合には年金が支給されます。**ただし第1号被保険者（国民年金に加入）と第2号被保険者（厚生年金に加入）では、もらえる年金の種類と額が異なります。

とくに遺族年金については民間の生命保険との兼ね合いで、どういう場合にいくら受給できるか知っておくべきです。遺族年金額をもとに正しい必要保障額（☞P166）がわかれば、高額の保険金をかけて高い保険料を負担することもありません。

# 公的年金はいつから、いくらもらえる？

年金の**受取開始年齢は原則65歳から**です。ただし65歳よりも前倒し（60歳から）で受け取る「繰り上げ受給」制度と、65歳では受け取らず先送り（75歳までの間）して受け取る「繰り下げ受給」制度があります。前者は減額され、後者は増額されます。

また将来もらえる年金額は、年金の種類や職業で異なります。自分の年金額は毎年、誕生月に日本年金機構から送られてくる「**ねんきん定期便**」で確認できます。ここに

## いくらもらえる？

**第1号被保険者や**
（個人事業主など）
**第3号被保険者**
（専業主婦など）

↓

**老齢基礎年金**
のみ受給

**第2号被保険者**
（会社員や公務員など）

↓

**老齢基礎年金**
＋
**老齢厚生年金**
を受給

### 老齢基礎年金（年額）

満額（約79万円）
×
（加入期間の月数÷480ヵ月）

※満額は毎年変わる。

### 老齢厚生年金（年額）

●2003年4月以降の加入期間

加入期間中の平均標準報酬額
×（5.481/1,000）
×加入期間の月数

●2003年3月以前の加入期間

加入期間中の平均標準報酬額
×（7.125/1,000）
×加入期間の月数

公的年金の支給は原則、
偶数月の15日に、
前月と前々月の2ヵ月分が
支給されるヨ

は年金保険料の納付実績や、将来受け取る年金の見込額が記載されています。年金額の計算は、国民年金（老齢基礎年金）は加入期間で決まるのでわかりやすいですが、厚生年金（老齢厚生年金）の計算は複雑です。

そこで詳しく知りたい場合は日本年金機構の「ねんきんネット」を利用すると便利です。ときどきチェックして将来の生活に不足する額を把握し、老後資金づくりを計画的に行うとよいでしょう。

Money Column

# ふるさと納税を有効に利用するには資金繰りに注意！

ふるさと納税は自分が好きな自治体、応援したい自治体に「寄付」ができる制度です。自治体によっては**返礼品として豪華な特典がもらえる**ので人気があります。また、寄付金のうち自己負担金の2,000円を差し引いた額が**所得税や住民税の控除対象となる**点が大きなメリットです。例えば2万円を寄付したら1万8,000円が課税所得からの控除対象となります。

魅力的な制度ですが、利用する場合は注意したい点がいくつかあります。まず、ふるさと納税は原則として自分の居住地以外の自治体に対して行う制度です。もちろん居住地の自治体に寄付はできますが、**その場合は返礼品をもらうことはできません**。

また、ふるさと納税は本人の所得によって控除の上限額が異なります。所得が多いほど控除の上限額が大きくなるので、高額所得者ほどメリットを受けられます。自分の控除の上限額を知らずに複数のふるさと納税をすると**上限額を超えてしまうことがあります**。

さらに、ふるさと納税は寄付する時期と、寄付金が控除されて納税額が減る時期にタイムラグがあります。先に納税して、それが減税の形で反映されるのは、翌年3月に確定申告をした場合、所得税が早くて翌年3月に還付があり、住民税は翌年6月以降です。そのため制度を有効に活用するには、**家計の資金繰りに余裕を持たせておくこと**が大切です。

Chapter

3

Money Basics

＼お金を上手に／

# 稼ぐ・貯める・増やす方法

Money 21 Basics

平均給与と生涯賃金

# いまいくら稼いでいる？ 一生涯でどれだけ稼げる？

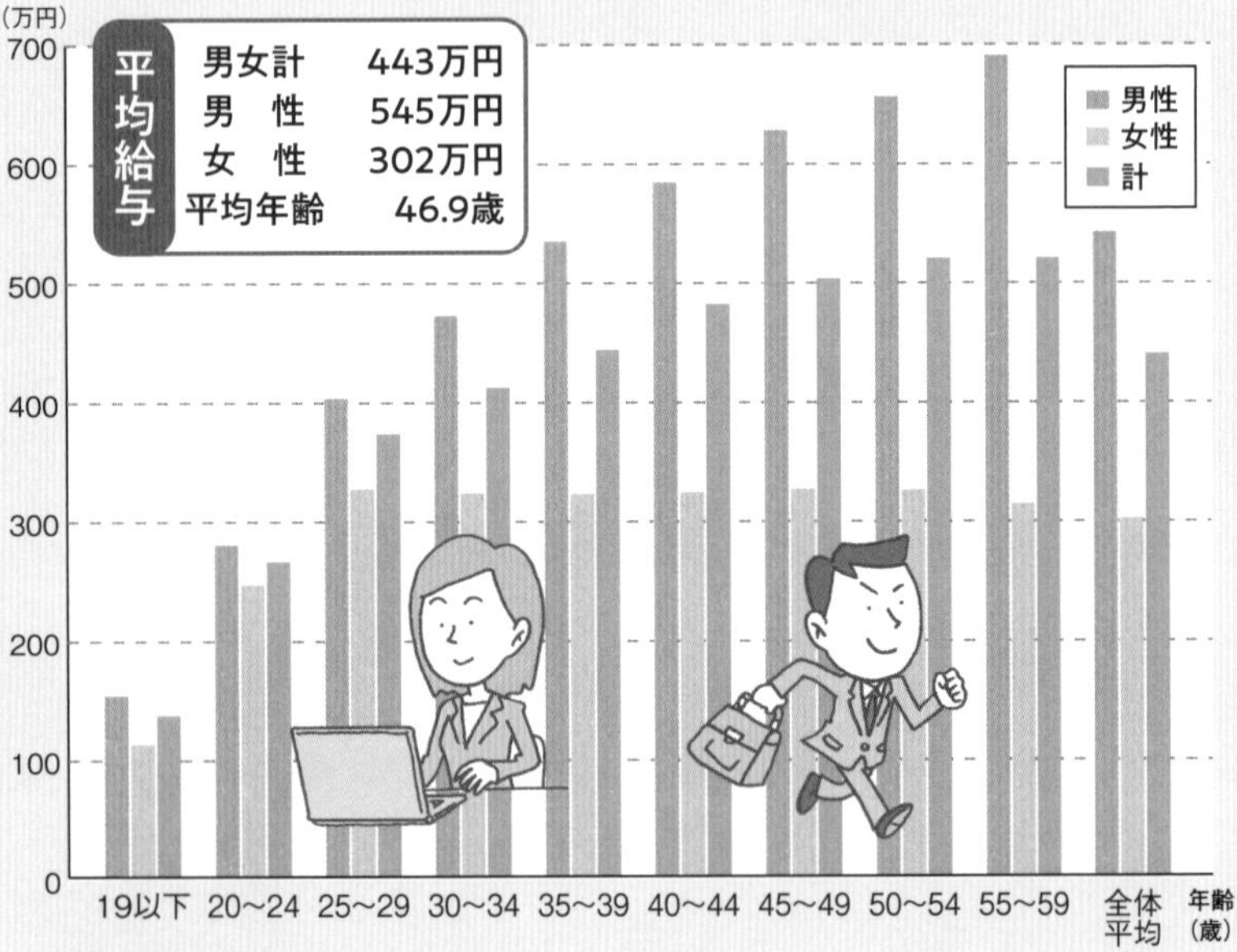


出典：国税庁「令和３年分　民間給与実態統計調査」「年齢階層別の平均給与」より作成。

※給与は1年間の支給総額（給料・手当および賞与の合計額をいい、給与所得控除前の収入金額）で通勤手当等の非課税部分は含まない。平均給与は給与支給総額を給与所得者数で除したもの。

ほかの人がいったい、いくら稼いでいるのか気になりますよね。

世の中の「平均給与」を調べたのが上の右側のグラフです。これによると**男女計で年額は443万円**です。

月給では、厚生労働省※の調査によると男女計で月額31万1800円。男性は34万2000円、女性は25万8900円という数字です。

ただし正社員と非正規社員の雇用形態による格差は大きく、上の右側のグラフの調査では**正社員**

※厚生労働省「賃金構造基本統計調査（令和4年版）」による。

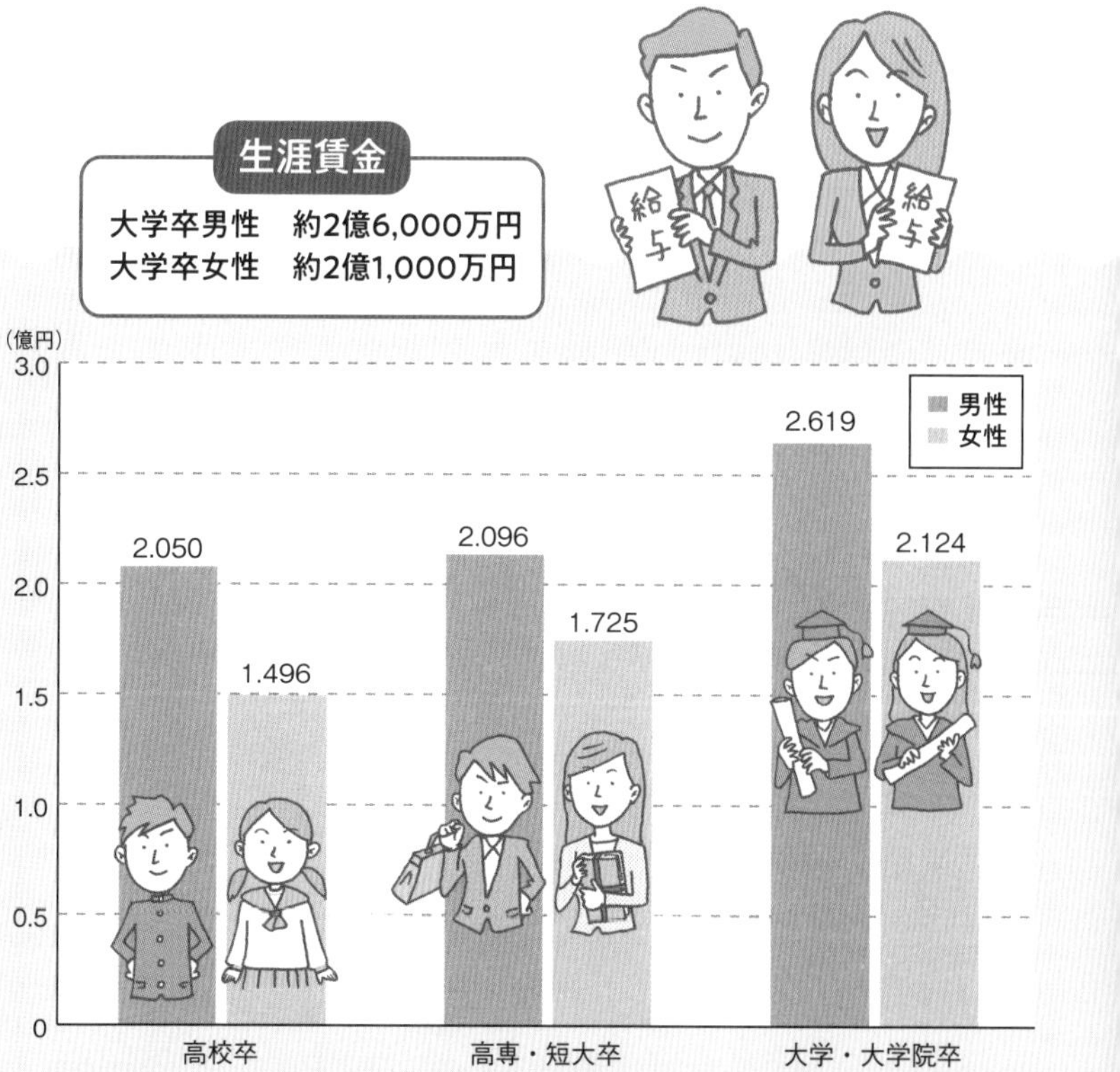


出典：独立行政法人労働政策研究・研修機構「ユースフル労働統計 2022」「生涯賃金（60 歳まで、退職金を含めない、2020 年）」より作成。
※学校を卒業しただちに就職し 60 歳で退職するまでフルタイムの正社員を続ける場合（同一企業継続就業とは限らない）。
※「生涯賃金はひとりの労働者が生涯にわたって得る賃金の総額」「60 歳で退職するまでフルタイムの正社員を続ける」

の年額508万円に対して非正規社員の年額は198万円という結果です。

一方、このまま働き続けたとして一生涯でどれだけ稼げるのか、「生涯賃金」を推計したものが上の左側のグラフです。

**大学・大学院卒で男性が約2億6000万円、女性が約2億1000万円**となっています。

なお、ここで見た生涯賃金は、退職金などは含まれていません。

Money 22 Basics

# 一生に必要なお金は何に、いくらかかる?

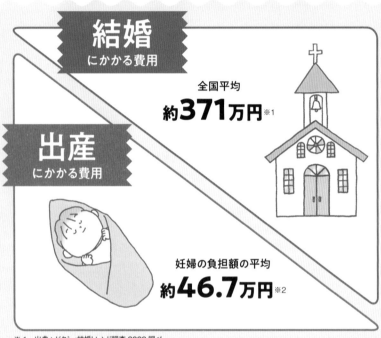

## 結婚にかかる費用

全国平均
**約371万円**※1

## 出産にかかる費用

妊婦の負担額の平均
**約46.7万円**※2

※1　出典：ゼクシィ結婚トレンド調査 2022 調べ
※2　出典：厚生労働省保険局「出産費用の実態把握に関する調査研究（令和３年度）」

次に出ていくお金を見ていきましょう。結婚、出産、子どもの教育、マイホームの取得など、主なライフイベントの平均的な必要資金は上のようになっています。

まず婚約から新婚旅行までの**結婚関連でかかる費用は全国平均で約３７１万円**。ただし入ってくるお金も、[※1]結婚式の招待客からのご祝儀の平均が約180万円、親からの援助の平均が178万円強あります。不足分が本人たちの負担です。

また子どもの**出産費用**

## 子どもの教育にかかる費用

幼稚園から高校まで
オール公立で　約440万円
オール私立で　約1,800万円※3

（大学に進めばもっとかかる!）

中古戸建てで
2,700万円超
新築マンションで
4,800万円超※4

## マイホーム取得にかかる費用

※3　出典：文部科学省「子供の学習費調査（令和3年度）」、金額は学校教育費・学校給食費・学校外活動費の総額
※4　出典：住宅金融支援機構「2022年度 フラット35利用者調査」

は平均で46・7万円。これは夫婦が負担する額の全国平均です。

子どもの教育費は公立か私立かで大きく変わってきます。幼稚園から高校まですべて公立の場合は約４４０万円。すべて私立だと約１８００万円。これは平均額ですが、だいぶ差があります。

人生最大の買い物であるマイホームの取得額は、住宅の種類によって異なりますが、平均的には中古で２７００万円、新築で４８００万円程度かかります。

# ゆとりある老後に必要な資金はいくら？

## 老後資金いくら必要？

・高齢夫婦（無職世帯）の実収入は月24万6,237円

・可処分所得※は月21万4,426円

・消費支出は月23万6,696円

↓

**その差額は**

**月マイナス2万2,270円**
**30年だと約800万円！**

※所得から税金や社会保険料を差し引いた残りの自由に使える額。

**どっち!?**

「家計調査報告（総務省）」2022年より。高齢夫婦無職世帯とは「夫65歳以上、妻60歳以上の夫婦のみの無職世帯」

退職後の夫婦世帯では**平均して1ヵ月に約2万2000円の不足が出ています**。この赤字が30年間続くと約800万円。この不足額にゆとりを生むための余裕をプラスした額が準備したい老後の資金です。

これを準備するには、まずは現役時代に一生懸命働いて給与を増やし、年金や退職金の額を増やすことです。さらに現役時代には**手堅く給与から天引き貯金する**ことも大切です（☞P110）。会社の財形制度は利用す

老後資金
どうやって
つくる?
現役のうちは一生懸命働く!
給与から天引きでお金を貯める!
株式や投資信託でお金の運用も必要!


# あなたは

べきだし、銀行の自動積立定期預金やiDeCo(☞P142)の利用も考えましょう。

貯蓄だけでなく、これからは**お金の運用、投資も必要**になってきます。例えばNISAで株式投資をしたり(☞P142)、iDeCoで投資信託を購入するなどです。ただし、株式や投資信託での運用は、投資したお金(元本)を減らす可能性もあります。**お金の運用は自己責任**であることを忘れてはなりません。

Money 24 Basics

# 収入アップするには どんな方法がある?

| 収入を増やす方法 |
|---|
| ・職務能力を高めて給与を上げる<br>・副業、転職、起業などで所得を増やす<br> |
| ・現役時代の所得と連動する |
| ・元手の資金を貯める<br>・資金を有利に運用する<br> |
| ・取得資金を準備する<br>・優良物件を取得する<br> |

次の選択肢。元手が必要!

POINT 1

## 職務能力を高めて給与増で収入アップ!

所得は労働所得、雑所得、資本所得に分けられ、多くの人の最大の収入源は給与などの労働所得です。収入アップの基本は、いまの仕事の職務能力を高めて給与や賞与を上げることです。

※収入と所得の違い：会社員なら、収入は給与や賞与の合計。所得は収入から必要経費（会社員なら主に所得控除）を差し引いた残り。

POINT 2

## 元手をつくり
## 運用して収入アップ!

人生 100 年時代は労働所得だけでなく、お金（資本）に「働いて」もらって手にする資本所得も必要です。それにはまず元手となるお金を貯めることです。

一番の近道!

| 所得の分類 | | 収入の内容 |
| --- | --- | --- |
| 労働所得 | | ・給与や賞与<br>人的資本が生み出すお金 |
| 雑所得 | | ・年金など |
| 資本所得 | 金融所得 | ・利息、配当金（インカムゲイン）<br>・値上がり益（キャピタルゲイン）<br>金融資産が生み出すお金 |
| 資本所得 | 不動産所得 | ・不動産物件の所有と賃貸事業<br>実物資産が生み出すお金 |

POINT 1

# 職務能力を高めて給与増で収入アップ！

## いまの頑張りが豊かな将来につながる

収入アップの方法としてまず考えるべきは「いまの仕事で頑張って給与を上げる」こと。会社に貢献して出世をする、仕事に役立つ資格をとって評価を高めるといった努力です。その先には「いまよりいい条件の会社に転職する」とか「独立・起業する」といった選択肢もあるでしょう。また「副業」でも稼げますが、本業での頑張りとは違い、将来の退職金や年金と連動するわけではありません。近年では副業を認める会社も増えていますが、本業にさしさわりのない程度にとどめるべきでしょう。

収入アップの基本は「労働所得」を増やすこと。会社からもらう給与や賞与を増やすことです。それには職務能力を高めるとともに、職場では会社の目標達成のために貢献し、組織の業績を伸ばすことに寄与することが、**いまと将来の自分自身の労働所得を安定的に増やすこと**になります。

生涯所得は長期間続かなければ積み上がりません。専門知識の習得や自己アピール力の向上などのために、自己研鑽と努力を積み重ね、少々のことは我慢して一生懸命働くことが収入アップの確かな道です。

# POINT 2 元手をつくり運用して年収アップ！

## 誰もがお金を運用する時代が来ている

金融所得は金融資産が生み出すお金、不動産所得は不動産という実物資産が生み出すお金という違いがあります。不動産の賃貸で成功するにはまとまった額の投資をして優良物件を保有したうえで、賃貸経営の知識やノウハウも求められるため、あまりシロウト向きとはいえません。
一方、株式や債券、投資信託などへの投資は、元本保証がないというリスクはありますが、やりようによってはローリスクで、銀行の定期預金などの利率を上回る一定の成果を上げることも十分可能です。とくにこれからの時代は誰もがただお金を貯めるのではなく、一部の余裕資金を投資に回すようになっていくと考えられます。

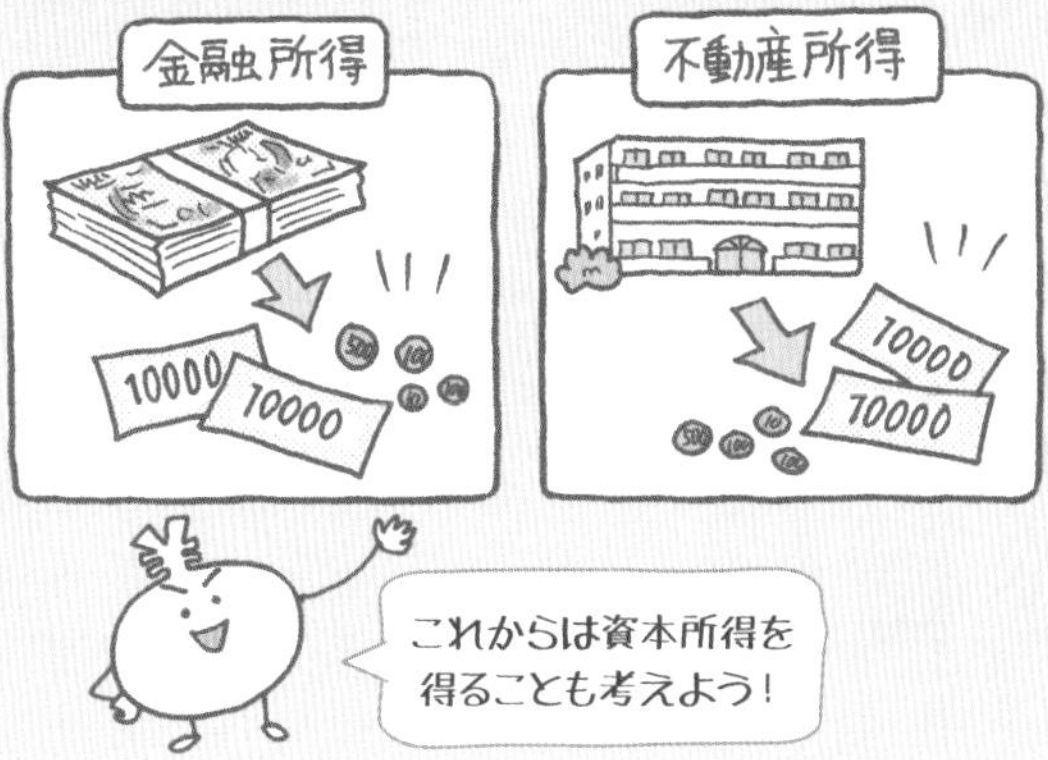


これからの時代は「資本所得」を得ることも考える必要があります。106ページで見たように資本所得には「金融所得」と「不動産所得」があり、これらは「不労所得」ともいわれますが、人生100年時代にあっては「お金に働いてもらう」ことによる所得も大切です。

ただ不動産所得を得るには大きな元手やノウハウが必要です。そこで多くの人は**株式や債券、投資信託などに投資して金融所得を得ることを考えます**。ここでもまず元手となるお金を貯めなければなりません。そして税制優遇を受けるなど有利に運用することもポイントです。

Money 25 Basics

# お金を上手に貯めるにはどうする?

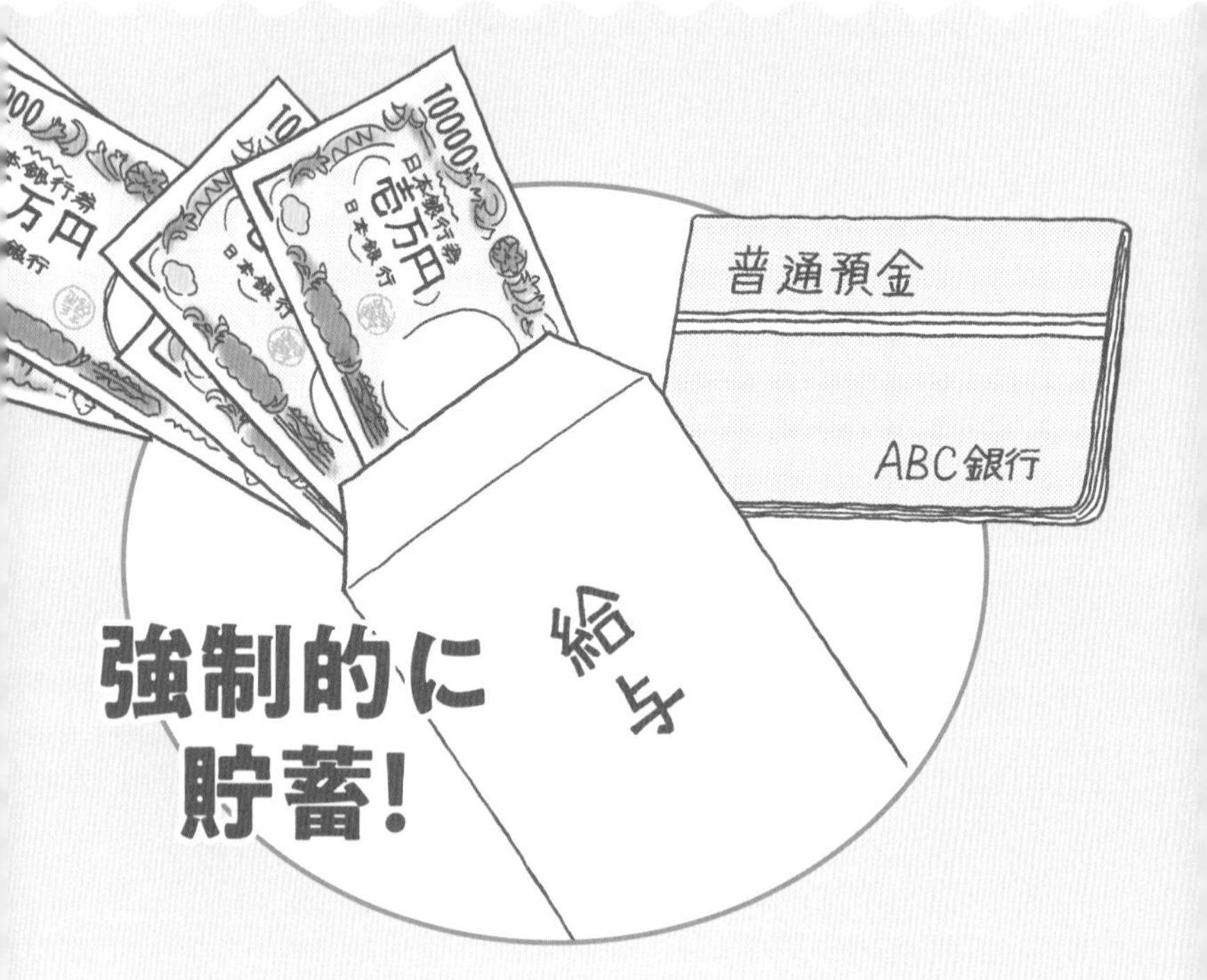


お金を最も確実に増やす方法は、**元本が保証される「無リスク資産」**で運用することです。銀行や、ゆうちょ銀行への預貯金が、無リスク資産での代表的な運用です。

ただ、人は意思が弱いものです。貯めたいと思ってもなかなか貯められないこともあります。そんなときは**「強制的にお金を貯めるようにする」**とよいでしょう。

例えば銀行の**自動積立定期預金**は、自分の普通預金口座から定期的に一

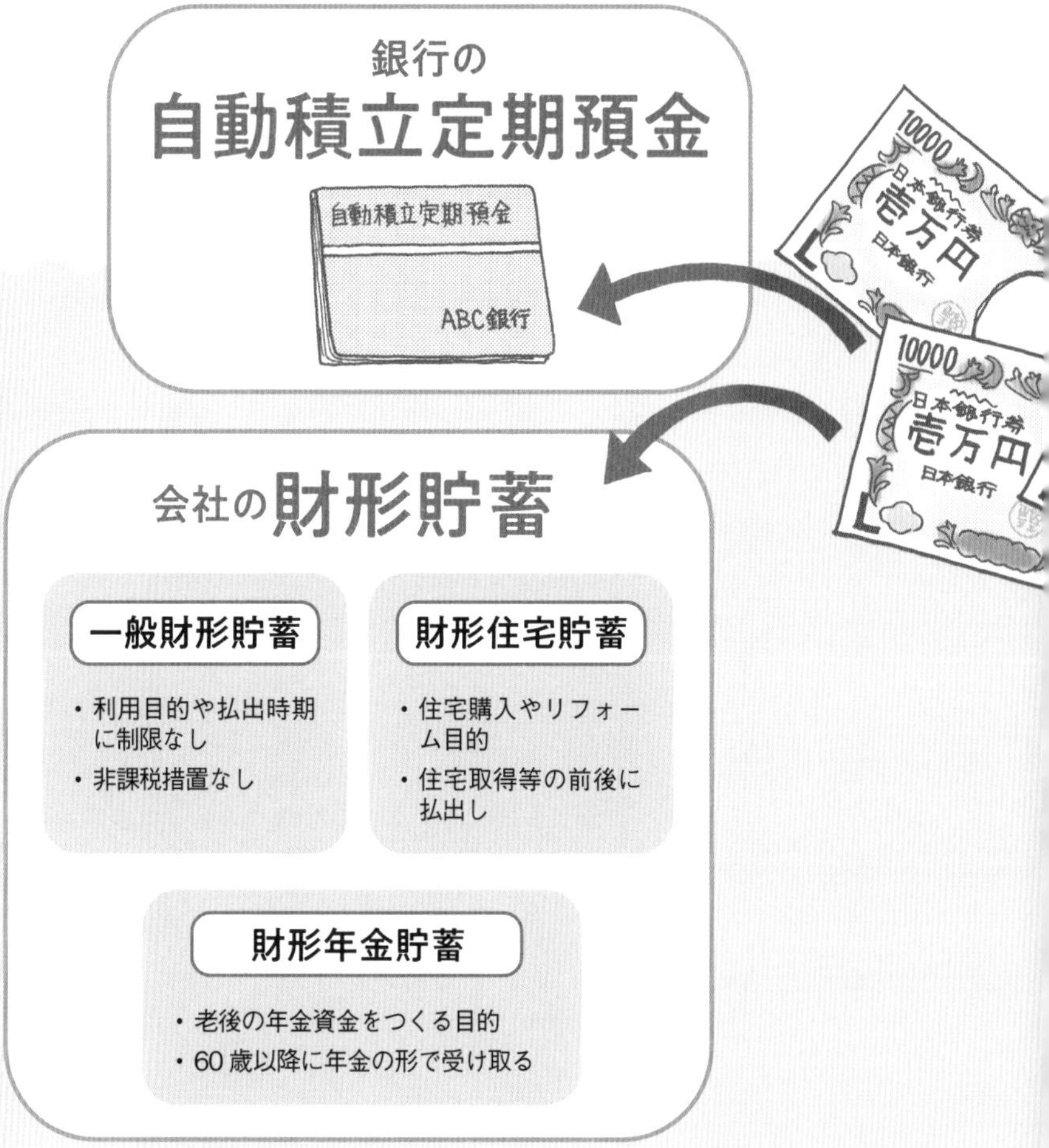

銀行の
自動積立定期預金
自動積立定期預金
ABC銀行
10000
日本銀行券
壱万円
日本銀行
会社の財形貯蓄
一般財形貯蓄
・利用目的や払出時期に制限なし
・非課税措置なし
財形住宅貯蓄
・住宅購入やリフォーム目的
・住宅取得等の前後に払出し
財形年金貯蓄
・老後の年金資金をつくる目的
・60歳以降に年金の形で受け取る


定額を、自動的に別の定期預金口座に振り替えて積み立ててくれます。しかし、払出しが自由な場合もあり、強制力はそれほど強くありません。

そこで、会社に**財形貯蓄の制度**があれば、迷わず利用しましょう。給与から天引きされるので確実に貯まるうえ、会社によっては利子が上乗せされる制度もあります。

財形貯蓄は3種類あり、財形住宅と財形年金は利子所得が非課税扱いとなるメリットがあります。

Money 26 Basics

# お金を運用するとはどういうこと?

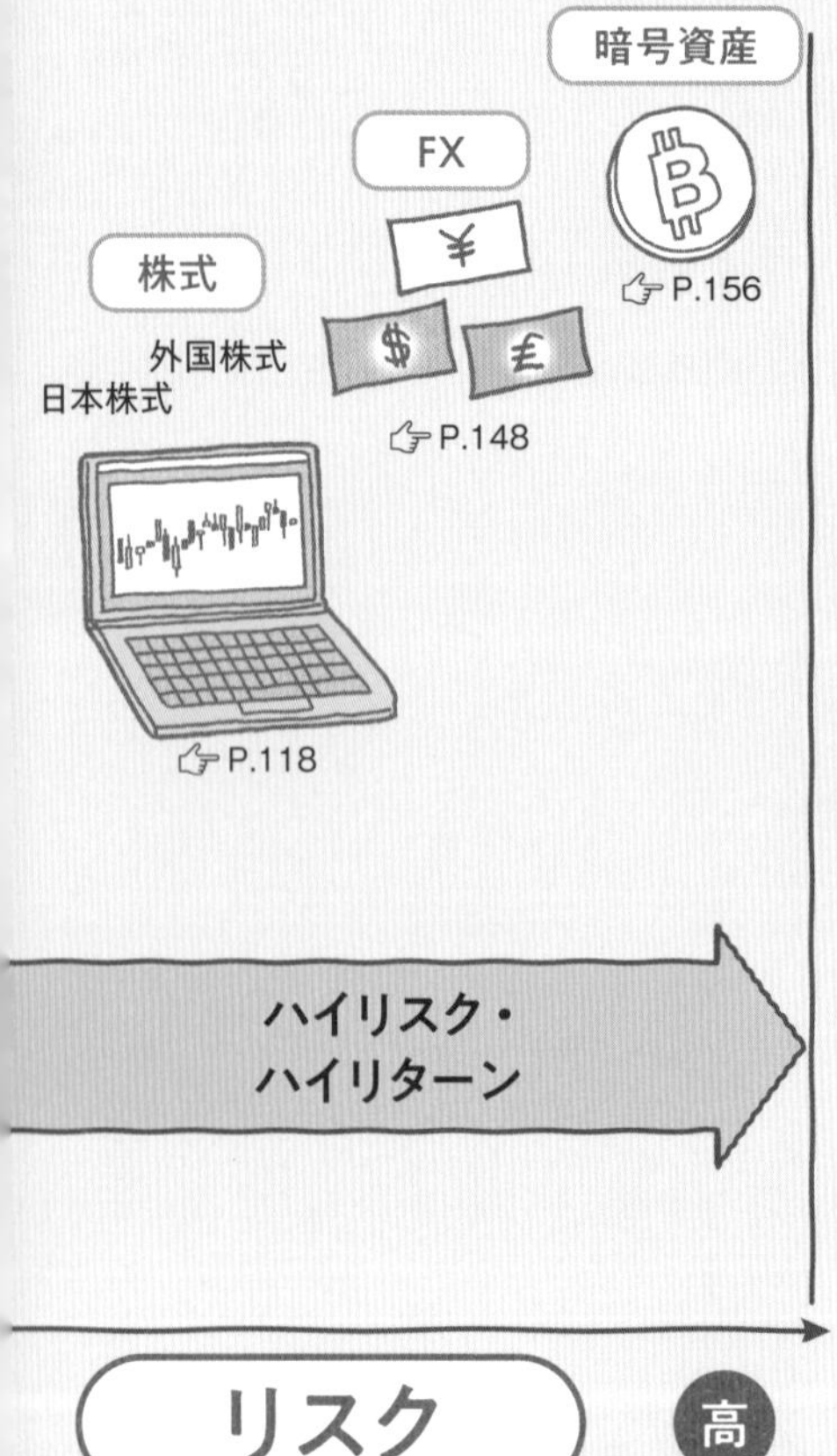

## POINT 1

### 運用のリターンにはリスクがつきもの!

預貯金などの「無リスク資産」での運用は元本が減るリスクはありませんが、リターン（運用益）はほとんど見込めません。一方、リターンが期待できる株式などの「リスク資産」での運用は、元本が減るリスクがつきものです。

## POINT 2

### 安全性・収益性・流動性を考えて運用する!

運用するお金（元本）がどんなお金なのか、性格や特性によって運用の際に重視するポイントが異なります。

POINT 3

## 「分散」運用でリスクと上手につきあう!

リスクとリターンは投資する金融商品ごとに違います。そこで比較的リスクが低めの投資手段と、リスクが高めの投資手段にバランスよく「分散」して投資すればリスクは軽減できます。また長期投資なら「時間の分散」によってリスク軽減が可能です。

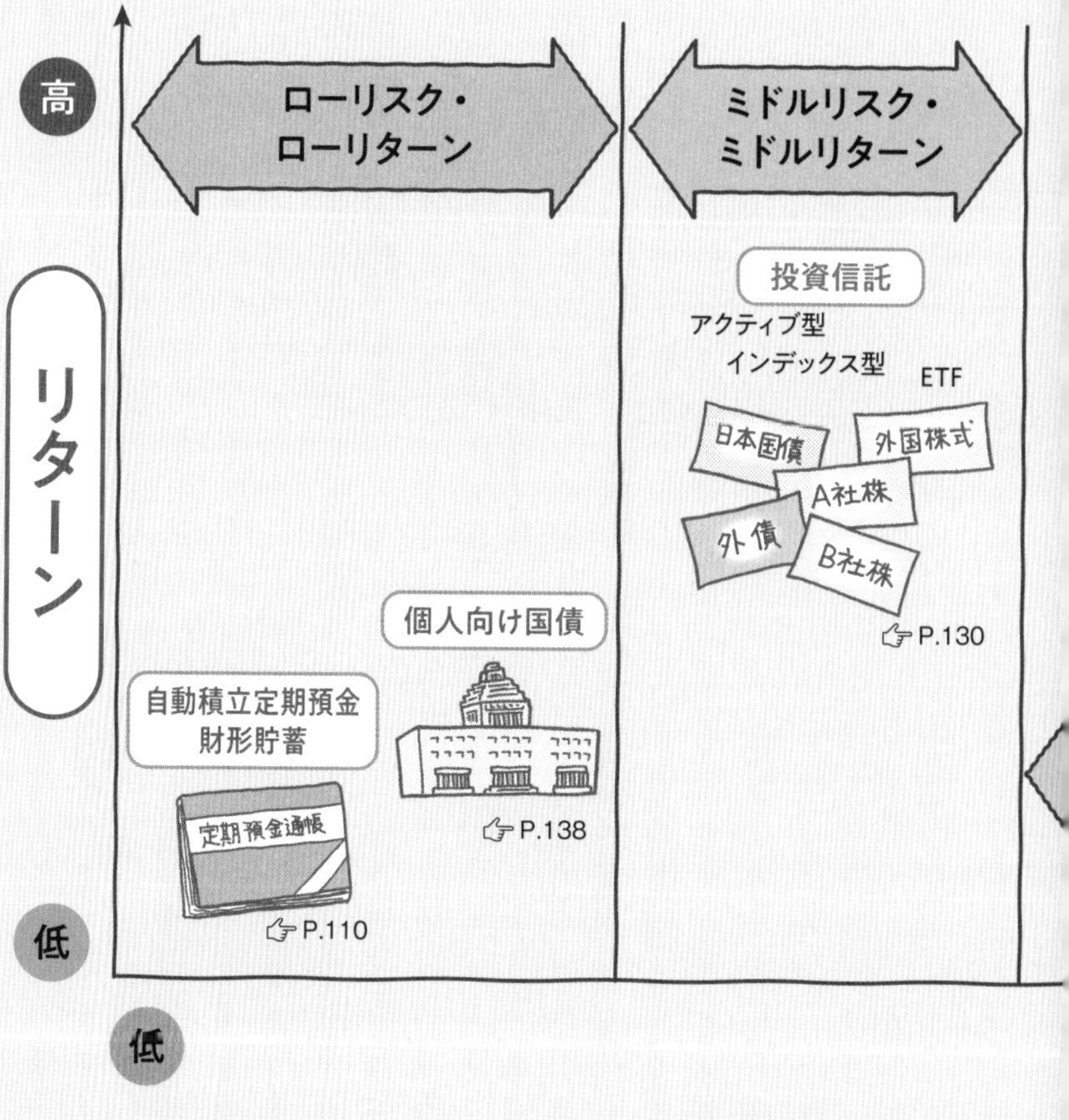

POINT 1

# 運用のリターンにはリスクがつきもの!

## リスクとリターンの関係

運用の世界では将来のリターンはどうなるかわかりません。プラスになる場合もあればマイナスになる（損をする）場合もあります。その振れ幅（変動する幅）が大きいほど「リスクが大きい（高い）」ことになります。「ローリスク・ローリターン」の金融商品や、「ハイリスク・ハイリターン」の商品には何があるかは、前のページを参照してください。

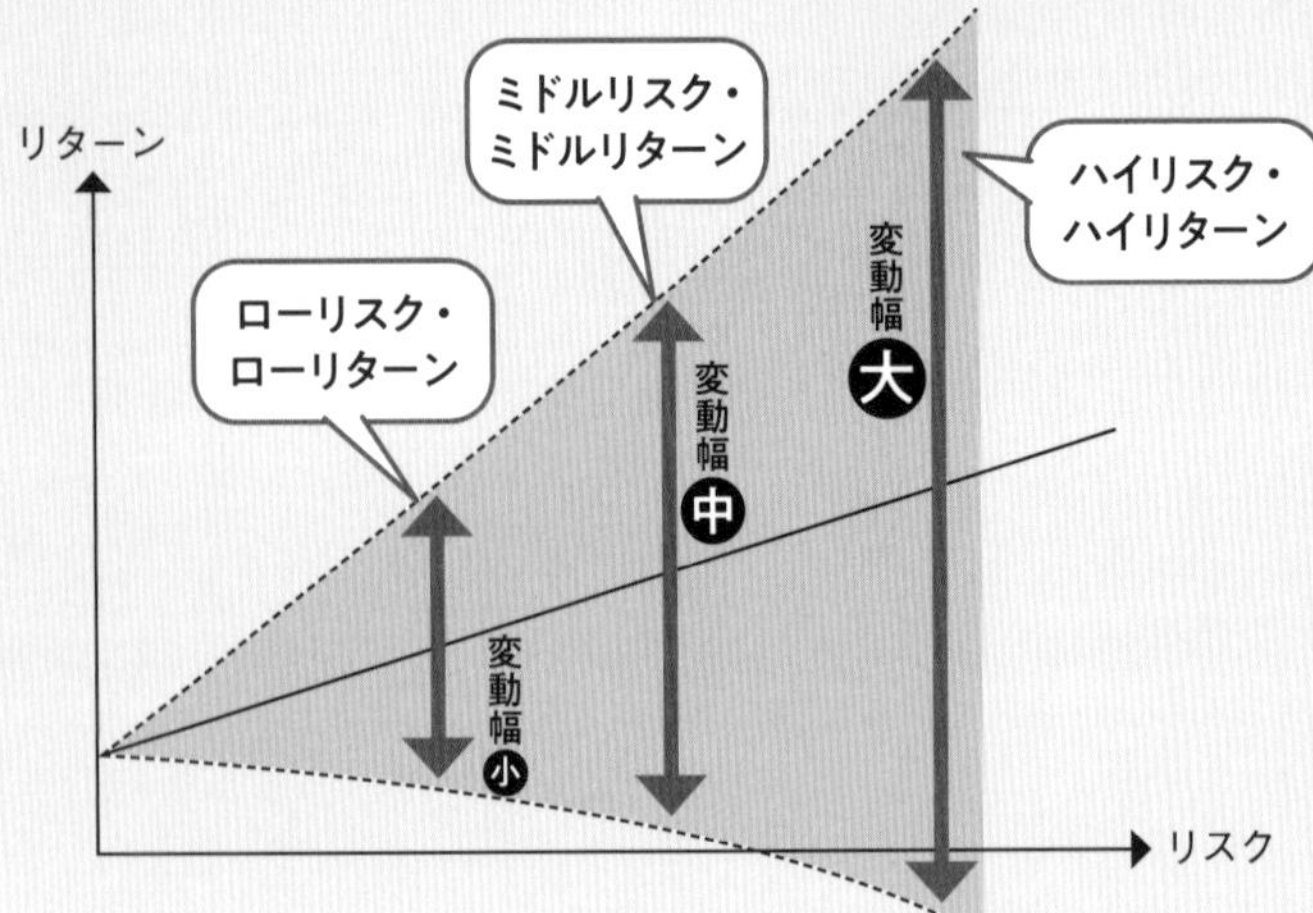


リスクとは「危険」という意味だと誤解されがちですが運用の世界ではそうではありません。運用するお金（元本）をはじめ、運用で得られる利息、配当、譲渡益などの「リターン」が不確実で変動することをリスクといいます。上昇も下降もリスクです。**リターンの変動幅が大きいほどリスクも大きく（高く）なります。**

金融商品には多かれ少なかれリスクがあり、期待どおりの利益が得られるとは限りません。大きな損失をこうむる可能性があるが、大きな利益を得る可能性もあるものを「ハイリスク・ハイリターン」といいます。

# POINT 2 安全性・収益性・流動性を考えて運用する!

## 運用の安全性・収益性・流動性とは

下の3つのポイントすべてが優れている金融商品はありません。安全性と流動性は両立しやすいものですが、安全性が高いものは収益性が低くなる傾向があり、収益性が高いものは流動性が低くなりがちです。

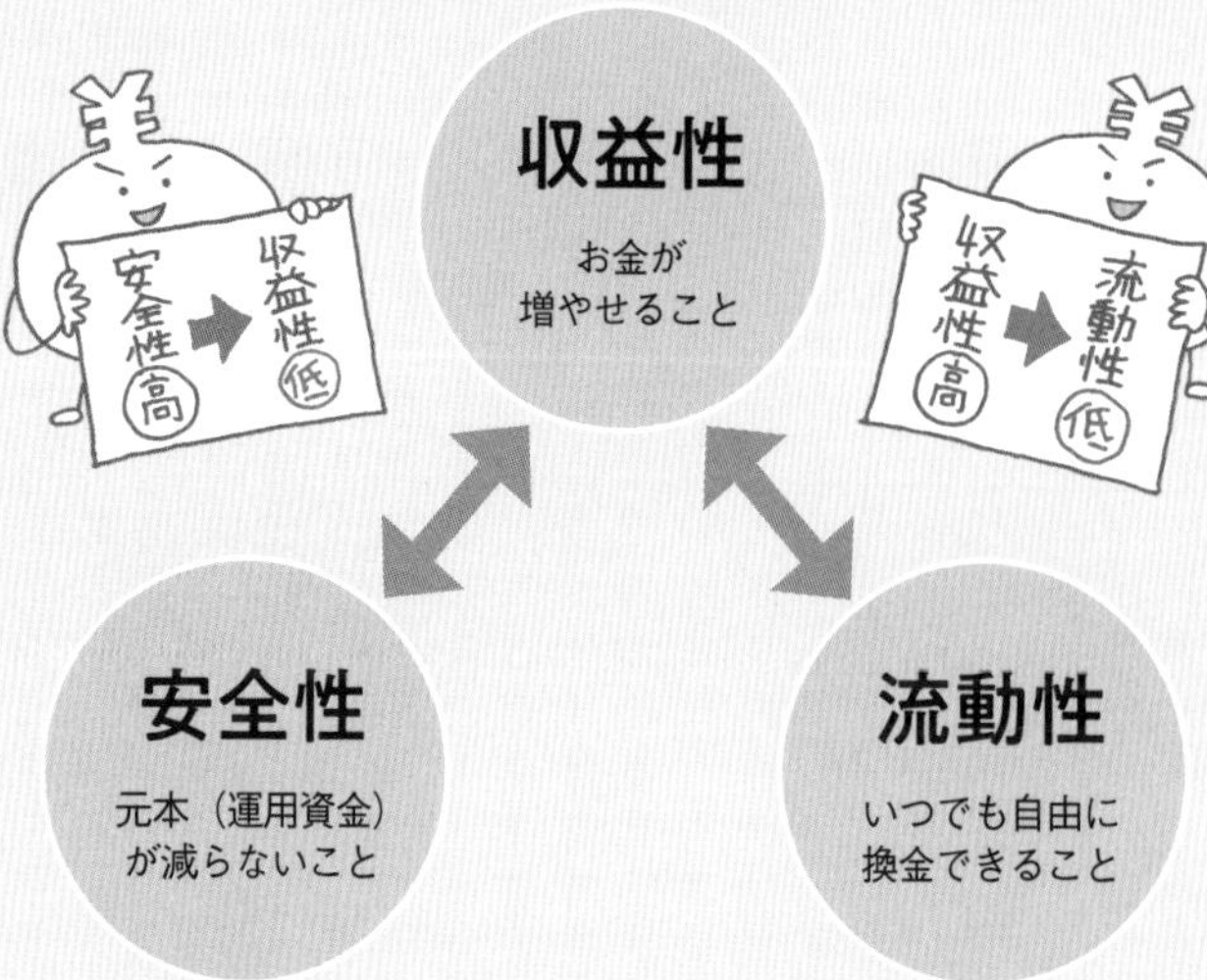


運用には上のように「安全性」「収益性」「流動性」という3つのポイントがあります。元本がどんな性格・特性をもつかによって、どのポイントを重視するべきかが変わってくるのです。

例えばマイホーム購入の頭金など、近い将来に支出が予定されるお金であれば、安全性を重視した「ローリスク・ローリターン」の金融商品を選ぶべきでしょう。一方、すぐに使う予定のない余裕資金なら、収益性を重視して「ハイリスク・ハイリターン」の商品を選んでもいいでしょう。

POINT 3

# 「分散」運用で<br>リスクと上手につきあう!

## 資産運用で「分散」の効果は絶大

運用先が1つだけだと、失敗したときに最悪すべての資産を失うリスクがあります。そのため運用は「分散」して行うのが鉄則です。いろいろな金融商品に分散して運用する、いろいろな国の商品に分散して運用する、一度だけではなく長い時間にわたり複数回に時間を分散して運用するといったことを心がけましょう。

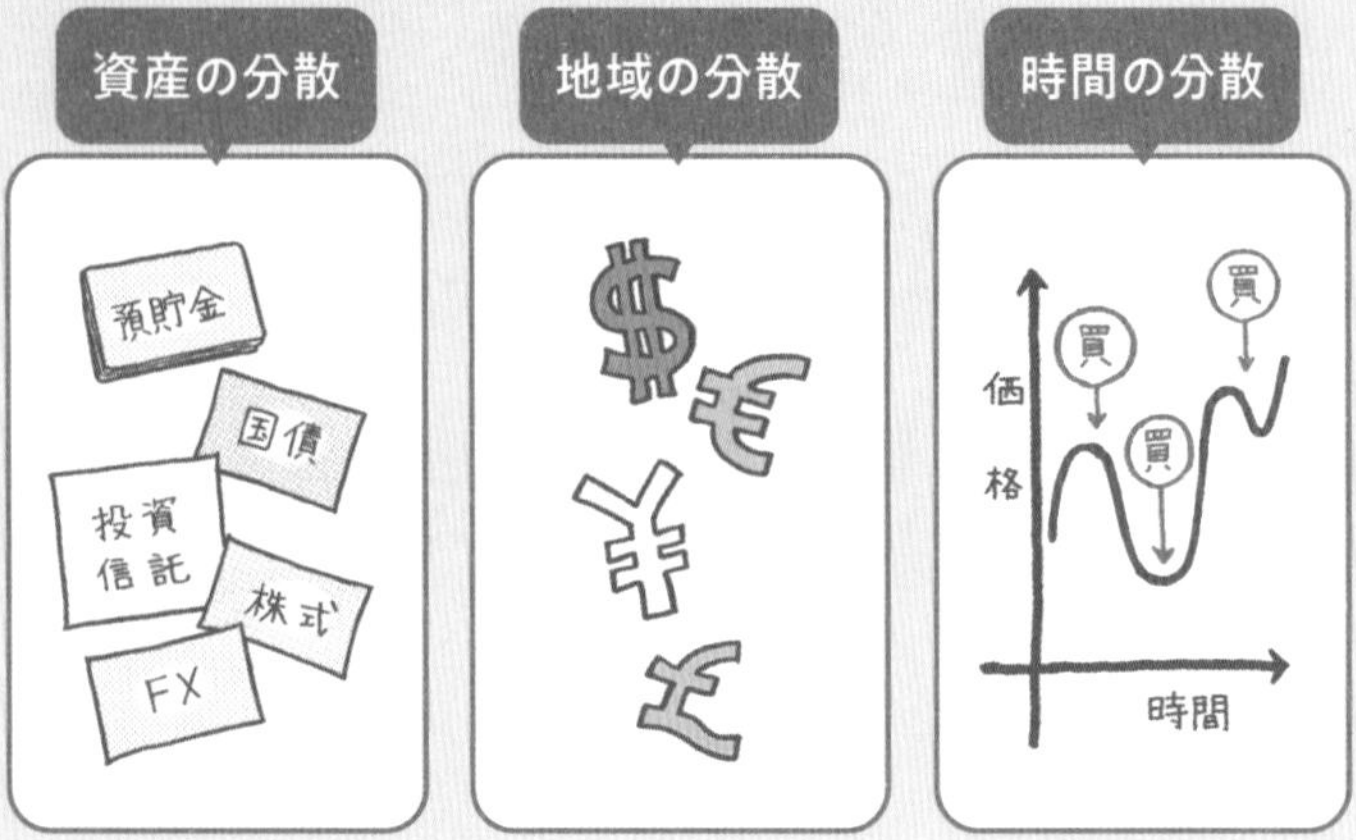


**運**用は**「分散（ぶんさん）」して行うことでリスクを軽減させる効果**があります。例えばローリスクのものとハイリスクのものとに運用資産を分散すれば（資産の分散）、一定の安定性を確保しながら収益性をねらえます。また国内と国外というように運用する「地域の分散」をすれば、景気や為替（かわせ）などの変動リスクに対処できます。

そしてとくに重要なのが「時間の分散」です。長期投資であれば運用資産の価格が一時的に下がったとしても、下げ局面でする買いはあとで大きな利益を生み、長い目で見れば損（そん）を取り戻す復元力（ふくげんりょく）となります。

trivia

# 資産運用のトリビア

## 無リスク資産に振り分ける財産の割合は人それぞれ

資産運用では異なるさまざまな資産（金融商品）に分散して運用することで、リスクを抑え、効率的なリターンを得ることを目指しますが、ファイナンスの世界では、財産の一定部分を定期預金などの元本が保証されている「無リスク資産」に振り分けることが、投資の満足度を大きくする方法として知られています。ただその割合は１人ひとりの好みや性格、また年齢などでも違ってきます。

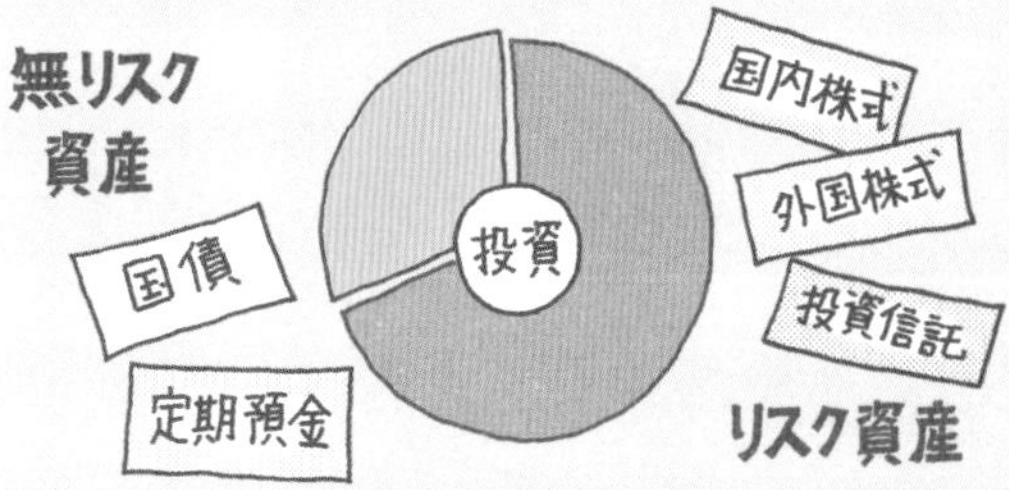


## 高いリターンを得るにはそれなりのリスクをとる

高い平均リターンを得たいのなら、それに見合ったリスクをとる必要があります。このことを海外のファイナンスの専門家は「投資にはフリー・ランチはない（ただメシという美味しい話は世の中にない）」といいます。リスクをとるとは、投資したお金が値上がりもするし値下がりもするということです。ただ若いうちからの投資は、時間の分散効果が働いてリスクはある程度均（なら）せるものです。

Money 27 Basics

# 株とは何か？
# 株の売り買いはどうやる？

投資家

POINT 1

## 株主になると配当金を受ける権利などを得る!

「株」とは「株式」「株券」の略称です。会社は事業を行う資金を投資家から出資してもらいます。その証書として発行するのが「株券」です。投資家は「株主」となり、会社から配当金を受け取る権利などを得ます。

その他の投資家

POINT 2

## 株の売買は証券会社を通じて注文を出す!

株を買ったり売ったりするときは証券会社を通じて株の取引市場である証券取引所に注文を出します。証券取引所はオークション方式で売買取引をマッチングさせます。

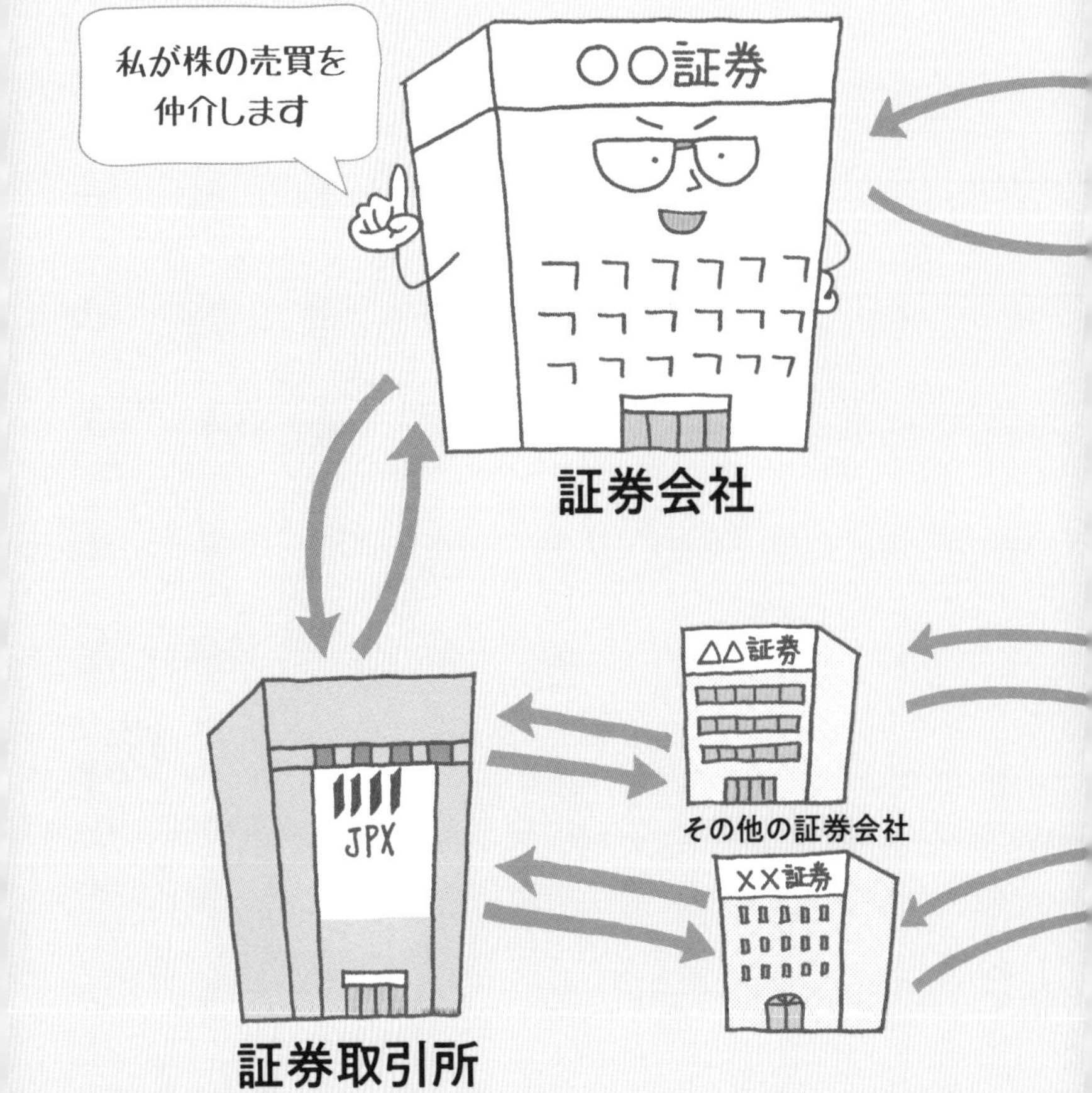

POINT 1

# 株主になると配当金を受ける権利などを得る!

## 株主の3つの権利

株主の主な権利は下のように３つあります。①は経営にかかわる権利。②は配当金を受け取る権利。③は会社が解散した場合に残った財産の分配を受ける権利です。
このほかにも会社によっては株主優待制度（☞P.123）を受ける権利などがあります。

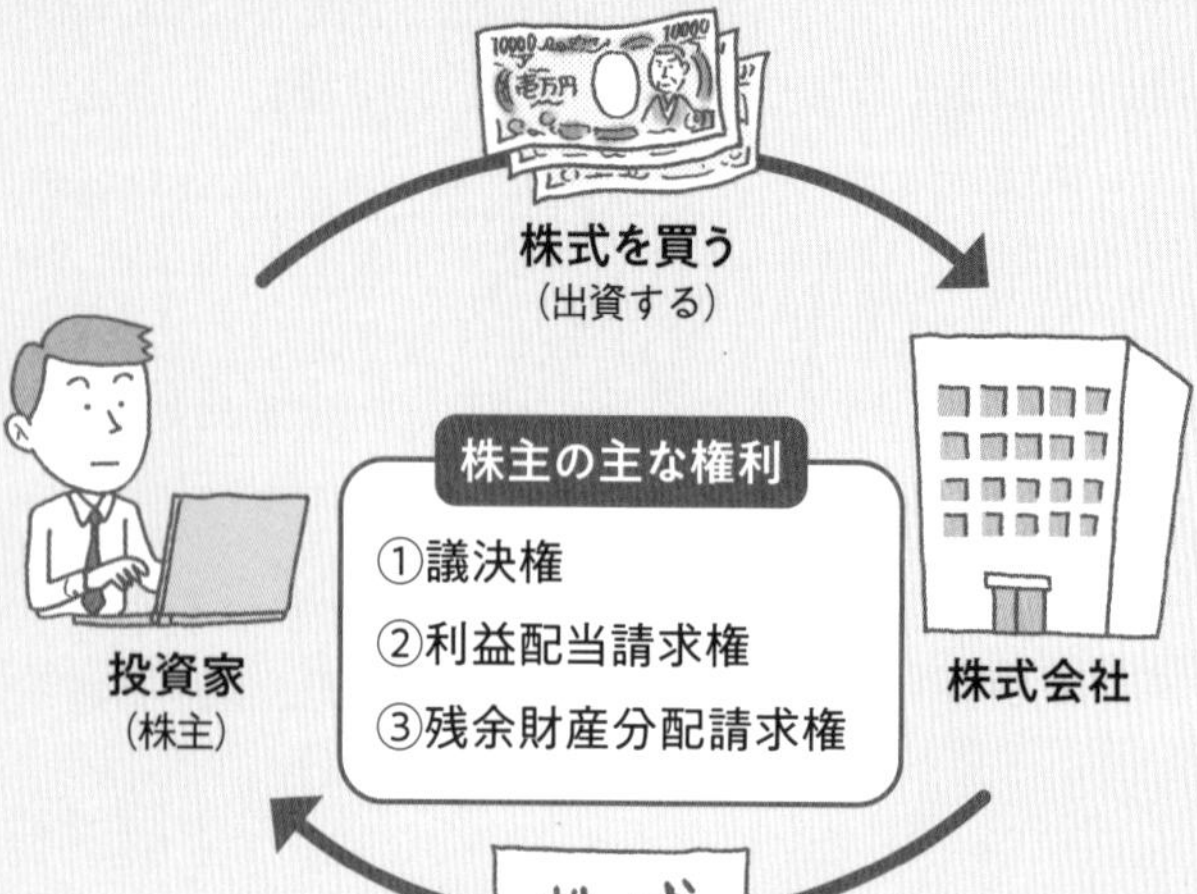


**株**式会社は事業を行うために「株式」という証書を発行して資金を集めます。株式を買うということは、その会社に資金を出資して応援することになるのです。

**株主には特別な権利がいくつか与えられます。**会社の経営にかかわる権利である「議決権」はその1つです。また会社が上げる利益の一部を「配当金」として受け取る権利があります。会社の業績がよければ株主に分配される配当金の額も高くなる傾向があります。将来、業績がよくなりそうな会社の株式を買えば、あとで高い配当金を得られる可能性があります。

# POINT 2 株の売買は証券会社を通じて注文を出す!

## オークション方式で取引を成立させる

証券取引所のオークション方式には原則があります。まず「価格優先」の原則で、買い注文はより高い価格の注文を優先し、売り注文はより安い価格の注文を優先します。次に「時間優先」の原則で、同一価格ならば注文を出した時間が早い注文が優先されます。

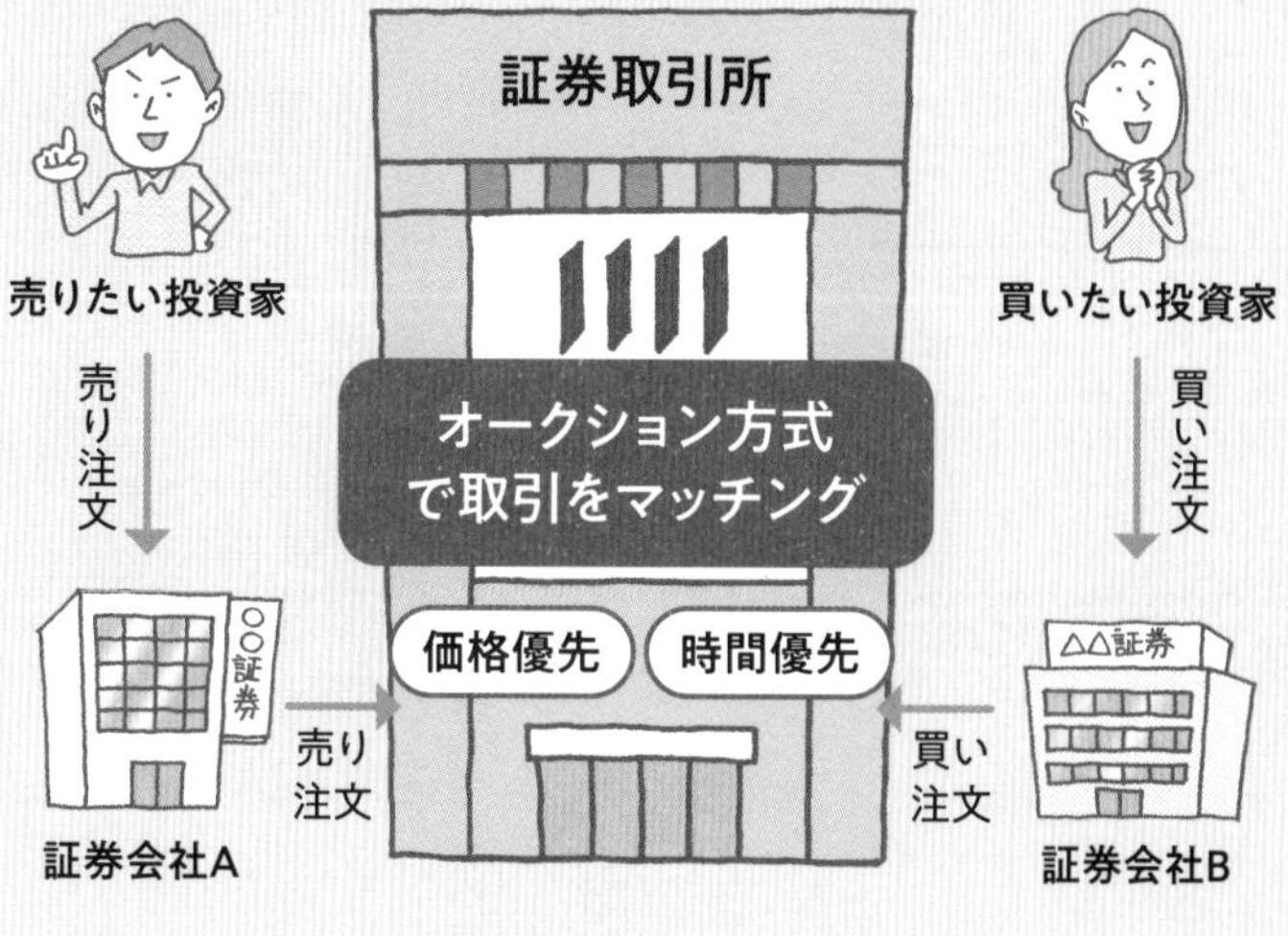


株式を買うときは会社から直接買いつけるのではありません。株式を売買する投資家は証券会社を通じて注文を出し、証券会社が株式の取引をする市場である証券取引所で実際の売買を行います。

証券取引所では**オークション方式で株式の取引を成立させています。**「価格優先」の原則と「時間優先」の原則に従って、売り注文と買い注文をマッチングさせるのです。投資家が買い注文を成立させたい場合は、より高い価格もしくは成行注文（価格に糸目をつけない注文）で、より早く注文を出す必要があります。

# 株式投資のインカムゲインとキャピタルゲインとは?

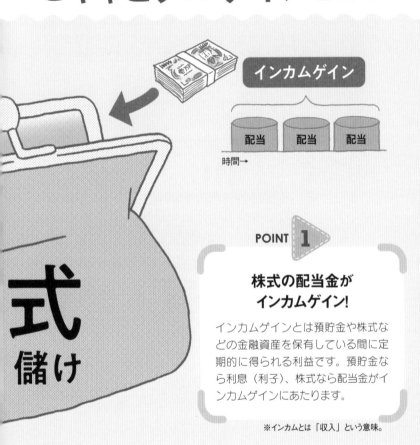

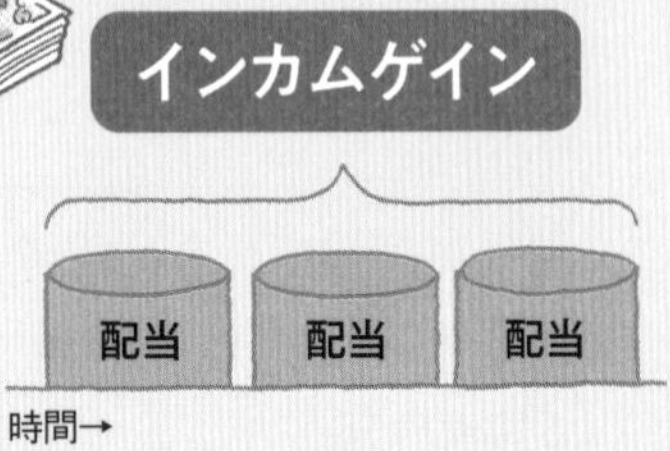


POINT 1

## 株式の配当金がインカムゲイン!

インカムゲインとは預貯金や株式などの金融資産を保有している間に定期的に得られる利益です。預貯金なら利息（利子）、株式なら配当金がインカムゲインにあたります。

※インカムとは「収入」という意味。

POINT 2

### 株式の売買差益がキャピタルゲイン!

キャピタルゲインとは、株式や投資信託などの金融資産を売却して得られる「売買差益（売却益、譲渡益）」です。資産の価格が購入時よりも売却時のほうが高ければ、その差がキャピタルゲインとなります。

※キャピタルとは「資産、資本」という意味。

### 株主優待制度

株式投資で得られる利益の１つとして「株主優待制度」がある会社もあります。株主に会社の商品やサービスをタダで提供したり、割引などの優待を行います。

POINT 1
# 株式の配当金がインカムゲイン！

## 📌株式投資の基本は配当金で儲ける

配当金の元手は会社が儲けた利益（当期純利益☞P.69）です。決算ごとに１株あたりの配当金の額が決められ、株主は保有する株式の数に応じて（1株あたりの配当金×保有株式数）配当金を受け取ります。

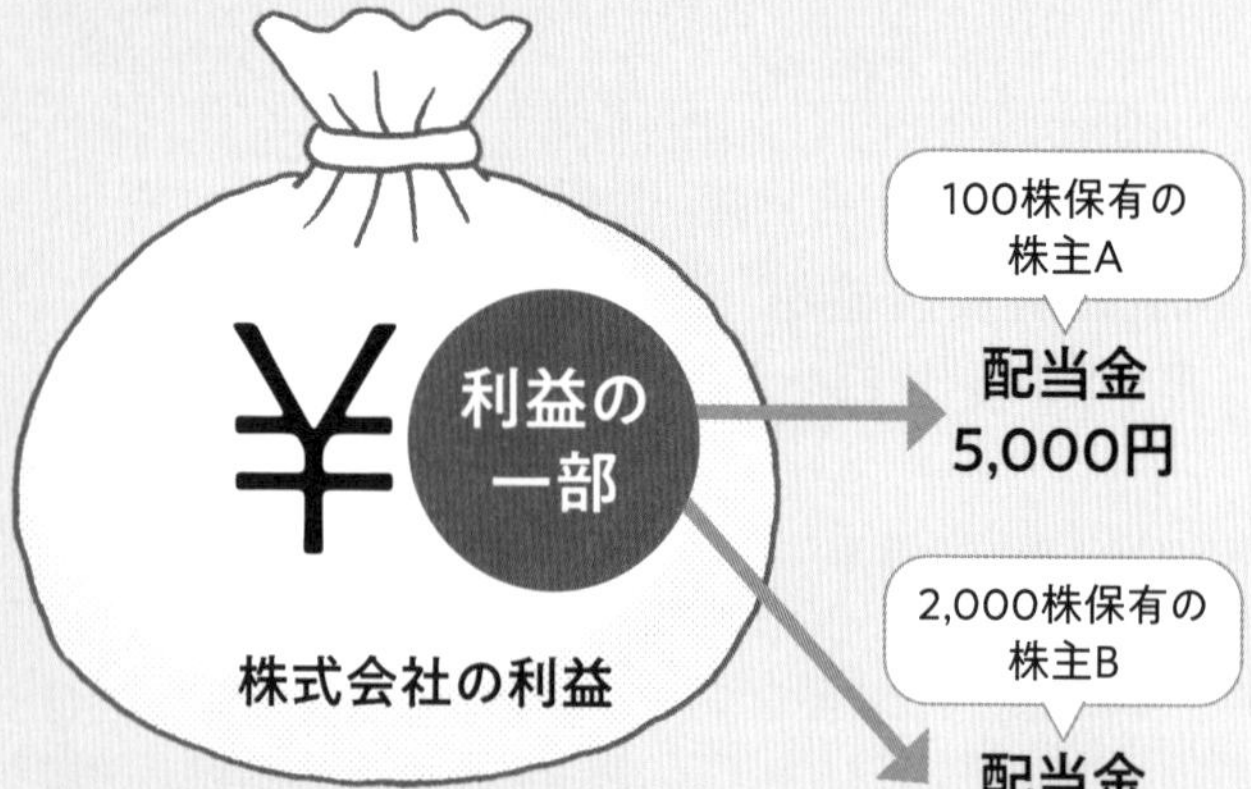


１株あたり 50 円の配当金が出る場合は…

**株**式は安く買って値上がり後に高く売って儲ける、というイメージがありますが、株式投資の基本的な目的は、株式を長期で保有して📌インカムゲインである「配当金（はいとうきん）」を得ることにあります。配当金とは会社が儲（もう）けた利益の一部を株主に還元（かんげん）する（配当する）お金です。多くの会社は年に1～2回、定期的に配当を実施します。

東京証券取引所プライム市場に上場[※1]する会社の平均配当利回り（単純）は2・22％[※2]で、大手銀行の定期預金の利率と比べても高い利回りです。ただし無配（むはい）といって配当金が出ないこともあります。

※１　証券取引所で株式などを公開して自由に売買できること。　※２　2023 年8月単月。

# POINT 2 株式の売買差益がキャピタルゲイン!

## キャピタルゲイン、キャピタルロスとは

売却時の株価が、購入時の価格を上回ればキャピタルゲイン、下回ればキャピタルロスです。ただ株価が将来どう動くかは専門家でも予測は難しいものです。短期投資でキャピタルゲインをねらうなら、利益が出る時点でこまめに売って利益を確定しておくのも1つの手です。

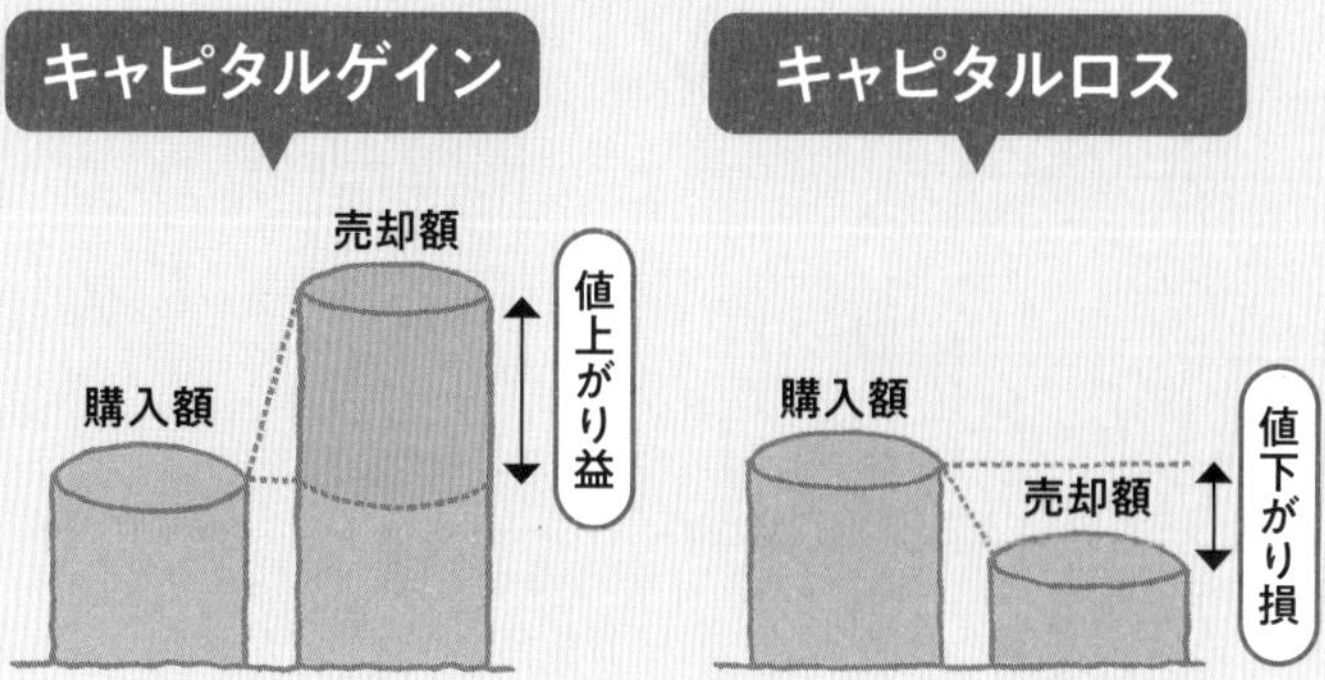


長期の株式保有で受け取るインカムゲインとは逆に、短期間で得られる利益が株式の売買差益であるキャピタルゲインです。株式を安いときに買って高いときに売れば、その差が値上がり益となります。

キャピタルゲインはインカムゲイン以上に大きな利益を得る可能性がある一方で、株式相場※次第では**キャピタルロス、つまり値下がり損になる**こともあります。株価が下がり回復が見込めないときは早めの損切り（ロスカット）をするか、塩漬け（長期保有）にして株価が回復するまで待つことになります。

※　株式の取引市場で常に変動する、そのときの価格（株価）。

Money 29 Basics

株式の売買

# 株の買いどき、売りどきは何で見る?

POINT 1

## ファンダメンタル分析で割安株を探す!

株価は長期的にはその会社の業績の良し悪しで決まります。いまはそれほどではないものの将来よい業績を上げそうな会社の株式を探す方法の1つがファンダメンタル分析です。

POINT 2

## テクニカル分析で売買タイミングを見る!

株価は短期的には取引市場の需給バランスで決まります。いろいろな株価チャートなどを使って株価の値動きを分析し、近い将来どうなるかを予測する方法の1つがテクニカル分析です。

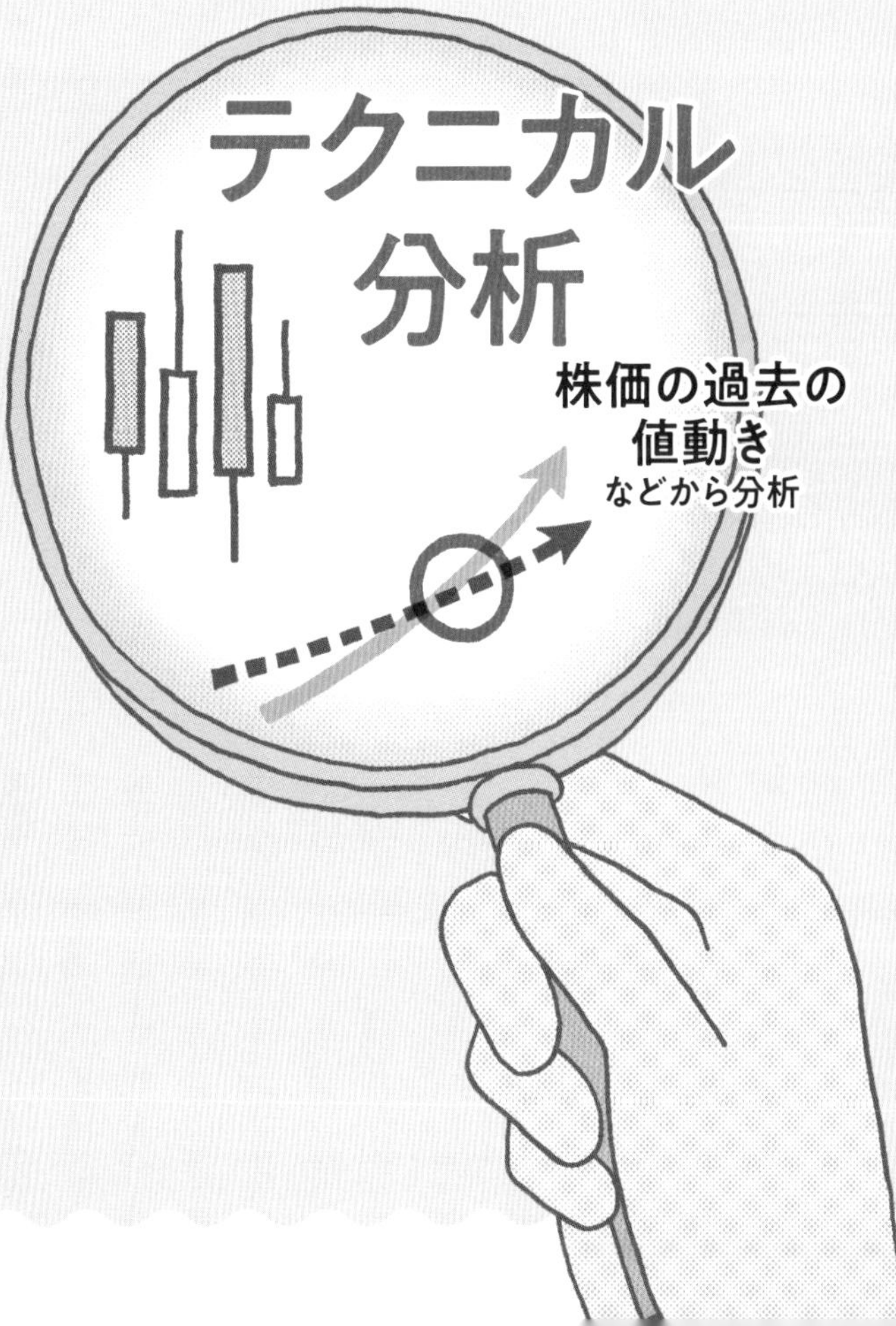

POINT 1

# ファンダメンタル分析で割安株を探す!

## ファンダメンタル分析で使う主な指標

| | |
|---|---|
| ピーイーアール<br>**PER**<br>(Price Earnings Ratio) | ・株価収益率という<br>・単位は「倍」<br>・EPS（1株あたり純利益）をもとに、株価が割安か割高かを見る指標<br>・計算式は、現在の株価÷EPS<br>・PERが高いと割高、低いと割安 |
| ピービーアール<br>**PBR**<br>(Price Book-value Ratio) | ・株価純資産倍率という<br>・単位は「倍」<br>・BPS（1株あたり純資産）をもとに、株価が割安か割高かを見る指標<br>・計算式は、現在の株価÷BPS<br>・PBRが高いと割高、1倍未満ならばかなり割安 |
| **配当利回り** | ・単位は「%」<br>・いま株を買ったら、受け取る配当金は投資額に対して何%になるかを見る指標<br>・計算式は、（1株あたり配当金÷現在の株価）×100<br>・一般に数値が高いと割安、低いと割高 |

株の売買は将来性のある会社の株を「安く買って高く売る」が基本です。株価が将来値上がりしそうな「割安な株」を探す方法の1つがファンダメンタル分析です。**代表的な指標が3つあり**、まず「PER（株価収益率）」は1株あたり純利益（EPS）の何倍の値段で株式が買われているかを見ます。倍率が低いほうが割安です。「PBR（株価純資産倍率）」は1株あたり純資産（BPS）の何倍の値段で株式が買われているかを見ます。倍率が低いほうが割安です。「配当利回り」は高いほど配当金の収益率がよいことを示します。

# POINT 2 テクニカル分析で売買タイミングを見る!

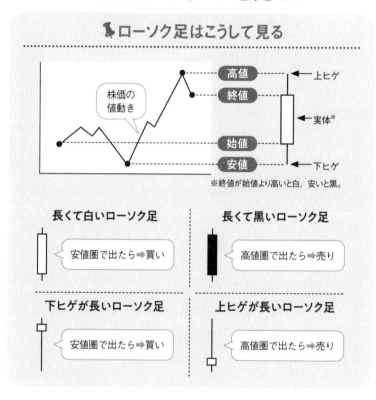

## ローソク足はこうして見る

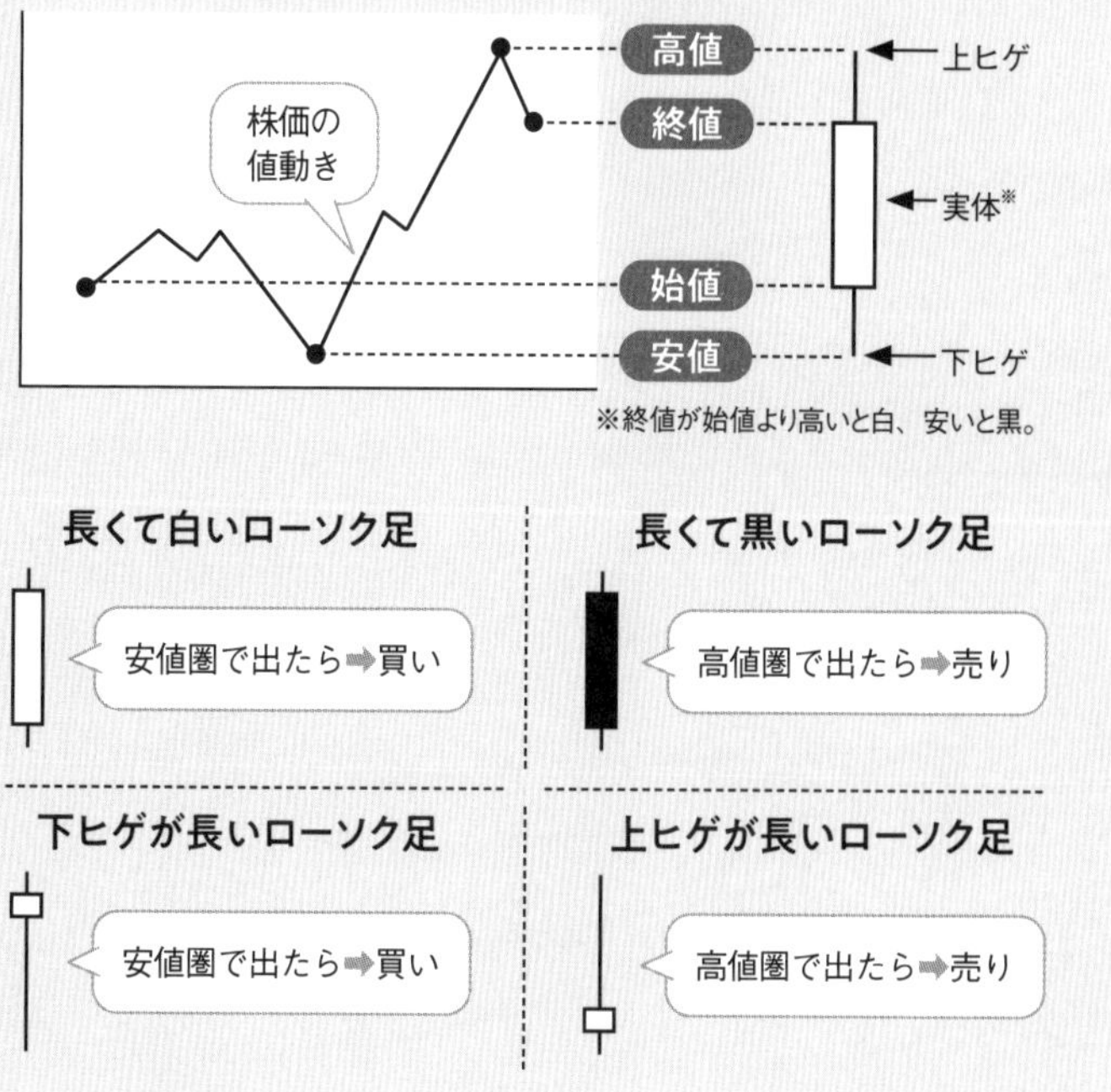


1日や1週間、1ヵ月など一定期間中の株価の値動きをグラフであらわしたものを株価チャートといいます。テクニカル分析では「ローソク足」や「移動平均線」などの株価チャートがよく使われます。

ローソク足は上のように株価に関するいろいろな情報がつまっています。株価の動きで細かく形を変えて、売買のタイミングも知らせてくれます。

また移動平均線は、5日間とか25日間など過去の一定期間の株価の終値の平均値をグラフ化したものです。株価の大きな流れやトレンドをつかむのに利用されます。

# 投資信託とは何か? どんなものがある?

POINT 1

## 分散投資でプロが運用!

投資信託は多くの投資家に買ってもらって資金を集め、それを投資のプロが株式や債券などに分散して運用し、得られた利益を投資家に分配するしくみの金融商品です。

POINT 2

## 購入・保有・売却のコストに注意!

投資信託は商品の購入代金のほかにもいろいろな手数料（コスト）がかかります。コストは商品によって違うので、選ぶ際によく検討する必要があります。

POINT 3

## バラエティに富んだ ラインナップ!

どれを選べばいいのか迷うほど個性的な商品が数多くそろっています。

POINT 1

# 分散投資でプロが運用!

## 投資信託は長期保有後の売買差益をねらう

株式の株価にあたる値段を投資信託では「基準価額」といいます。投資信託の運用先である株式や債券などの価格が上がれば、運用資産が増えることになり、基準価額が上がる要因となります。ただし株式投資で見られるような価格の急騰による大きな利益は期待できません。また運用がうまくいかなければ元本割れするケースもあります。

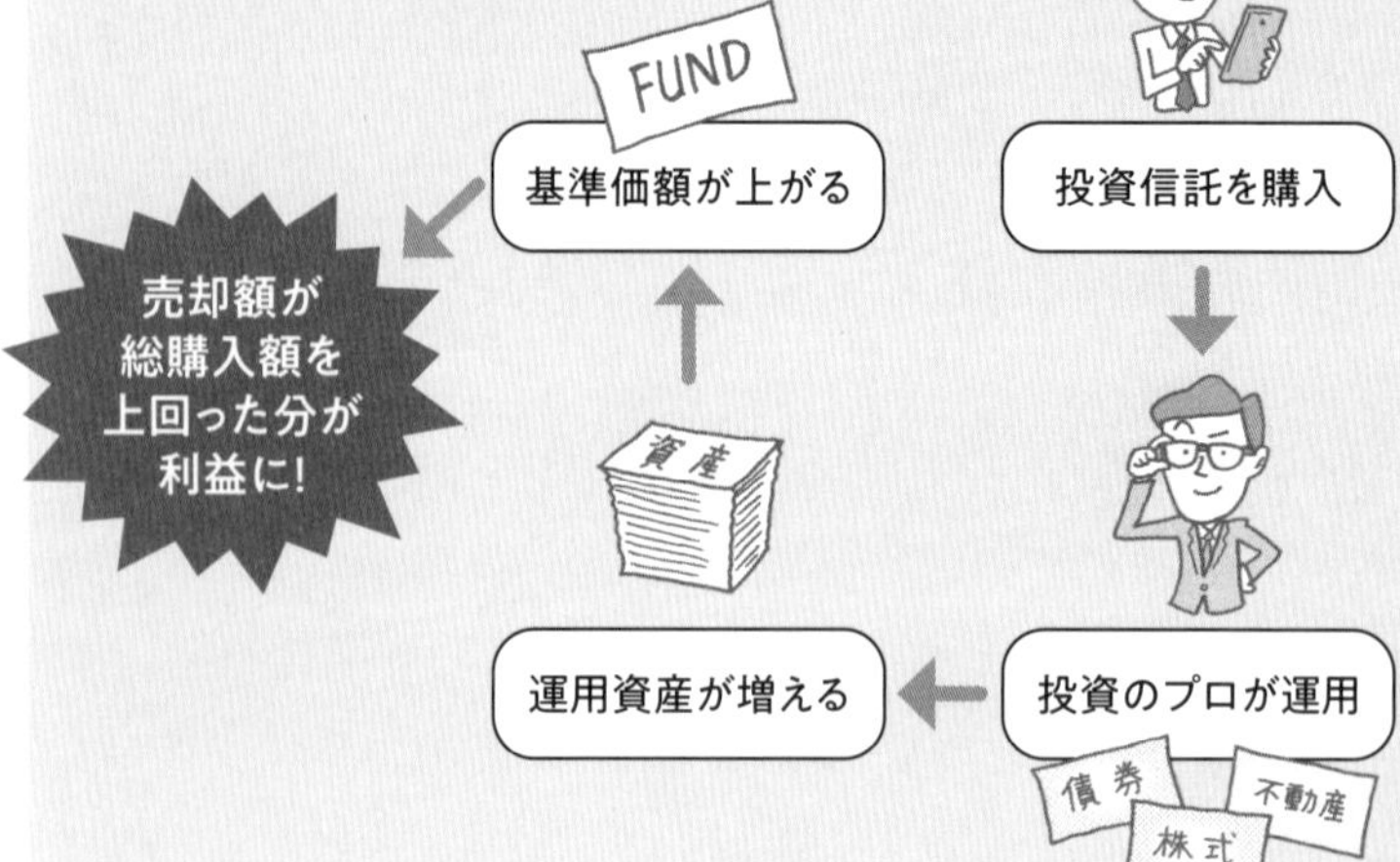


投資信託は、株式や債券などに分散投資することで損を出しにくくする点や、投資家は気に入った商品を選ぶだけで実際の難しい運用はプロにまかせられる点などが特徴です。また100円単位の少額から投資できる手軽さも魅力です。

投資信託は積立て、買増しをしながら長期保有するのが基本です。そして**最終的に売却したときに売却額が総購入額を上回れば、その差が利益となり**ます。また「分配金」を受け取れるタイプの商品もありますが、分配金は受け取らずに再投資※に回すタイプがおすすめです。

※同じ投資信託を買い増す。

POINT 2

# 購入・保有・売却のコストに注意!

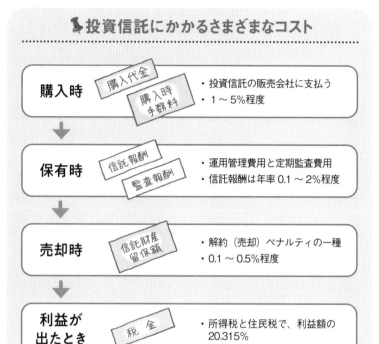

## 投資信託にかかるさまざまなコスト

**購入時**　購入代金／購入時手数料
- 投資信託の販売会社に支払う
- 1～5%程度

↓

**保有時**　信託報酬／監査報酬
- 運用管理費用と定期監査費用
- 信託報酬は年率 0.1 ～ 2%程度

↓

**売却時**　信託財産留保額
- 解約（売却）ペナルティの一種
- 0.1 ～ 0.5%程度

↓

**利益が出たとき**　税金
- 所得税と住民税で、利益額の20.315%

※購入時手数料ゼロ、信託財産留保額ゼロの商品もある。

もう1つ、投資信託の特徴は**いろいろなコストがかかる**点です。まず買うときには投資信託の購入代金のほかに、投資信託の販売会社に手数料を支払います。また保有している間は運用や管理にかかる費用が発生します。

そして売るときにも手数料を支払ううえ、利益が出ればそれに対して税金がかかります。手数料などの有無や額（料率）は販売会社や商品によってかなり異なるので注意が必要です。

これらすべてのコストの合計額を売却額が上回らなければ、利益は出ない計算になります。

## POINT 3 バラエティに富んだラインナップ！

### 投資する対象資産・地域の違いによる分類

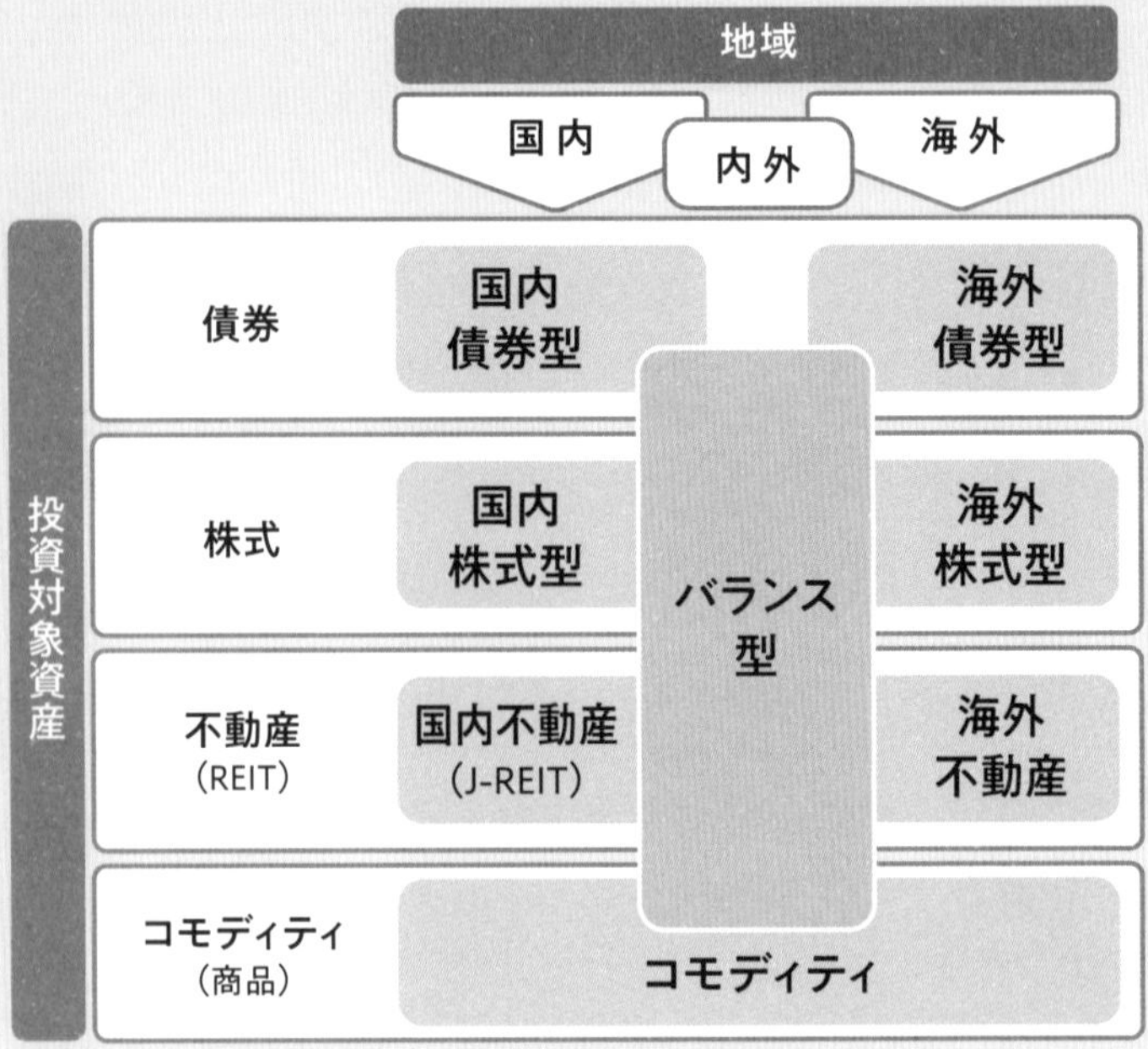


投資信託はどの地域の、何に投資するかで、いろいろなタイプがあります。代表的な投資先は債券（☞P138）と株式（☞P118）です。国債や社債などの債券に投資するタイプを「債券投資信託」といい、一般的に安全性が高く、リスクが低いとされます。一方、投資先に株式を組み込む「株式投資信託」は、株価が大きく値上がりすれば高いリターンを得られる可能性があるものの、株価が下がれば損をするリスクもあります。

株式投資信託には「インデックス型」と「アクティブ型」があります。前者は日経平均株

## 株式投資信託の2つのタイプ

インデックス型は目標とする指数に含まれる株式の銘柄を幅広く購入するため、リスクが分散するメリットがあります。一方、アクティブ型は大きく値上がりしそうな銘柄を選んで購入するため、儲かる可能性があると同時に、値下がりのリスクもあり、ハイリスク・ハイリターンです。

### インデックス型（パッシブ型）

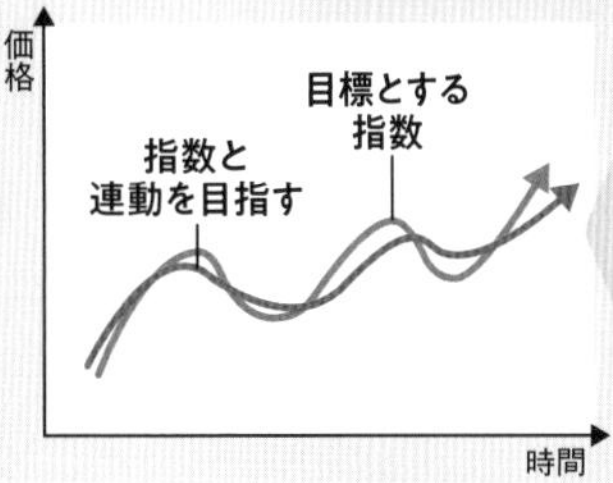

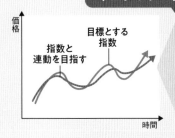

- 投資信託の価格が、**目標とする株式市場指数と連動する**ように運用する
- **リスクを抑えて**安定的に資産を増やすことを目指す
- 市場調査など特別なことをする必要がなく、株式銘柄を選定する手間がかからないため、**運用コストが安い**

### アクティブ型

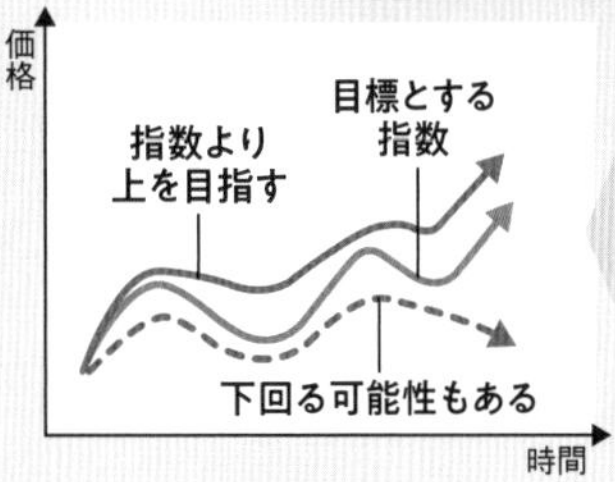


- 投資信託の価格が、**目標とする株式市場指数を上回る**ように運用する
- 大きく儲かる可能性があると同時に、損をすることもあるので、**ハイリスク・ハイリターン**
- 積極的に利益をねらえるように、市場調査などを行って投資する株式銘柄を厳選するため、**運用コストが高い**

価など特定の目標とする株※式市場指数に連動するように運用するタイプで、後者は株式市場指数を上回る運用を目指し、より高い利益をねらうタイプです。

ほかにも、不動産に投資をする「不動産投資信託（J-REIT）」や、エネルギーや穀物（こくもつ）などに投資する「コモディティ（商品）」などがあります。

さらに投資先の地域としては「国内」と「海外」、その両方を含む「内外」があり、海外には「先進国」と「新興国」の違いもあります。これらの違いを押さえて、いろいろな投資先にバランスよく投資する「バランス型」というタイプもあります。

※市場全体の動向をあらわす指標。日経平均株価やTOPIX（東証株価指数）など。

trivia

# 投資信託のトリビア

## 募集方法が異なる オープン型とユニット型

投資信託には、いつでも売買ができる「オープン型（追加型）」と、決まった期間内でしか買えない「ユニット型（単位型）」があります。オープン型の投資信託は現在私たちが買える投資信託の９割程度を占めています。投資信託の運用開始から終了までを「信託期間」といいますが、オープン型の信託期間は５年以上に及ぶ長いものが多く、中には無期限のものもあります。信託期間中はいつでも売買ＯＫです。一方、ユニット型は信託期間の始めに設定された募集期間内でしか買えず、売却（解約）ができない「クローズド期間」を設けているものもあります。

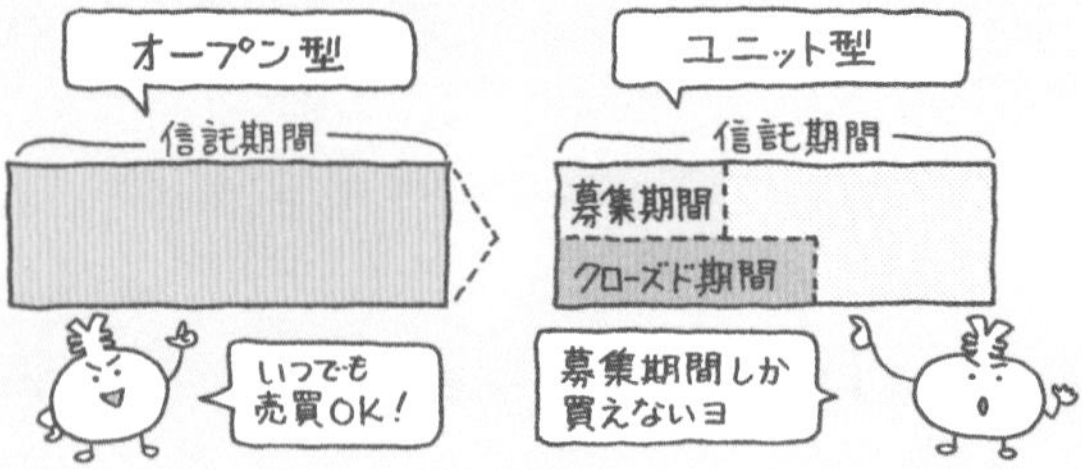


## 購入時手数料がかからない ノーロード型とは?

投資信託にはさまざまなコストがかかりますが（☞P133）、購入時手数料（ロードという）がかからない「ノーロード型」というタイプもあります。通常、購入時手数料は投資信託の購入価格の１～５％程度かかるので、これがゼロというのはうれしい話です。ただしノーロード型の中には運用中に発生する「信託報酬」が割高になっているものもあるので注意が必要です。

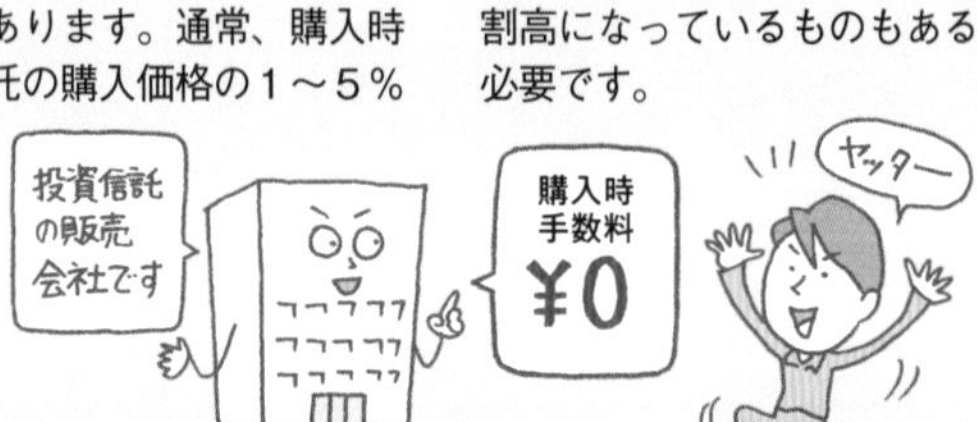

Money Column

# 株のように売買できるのが特徴の上場投資信託

証券取引所で売買される、つまり「上場」している投資信託が「上場投資信託（ETF）」です。

インデックス型と同様に、日経平均株価やTOPIX（東証株価指数）などの指数に連動して運用される商品です。

ETFの価格は取引される間、リアルタイムで常に変動します（一般の投資信託の価格は1日1回しか計算されない）。そのため株式と同じ感覚で短期間に売買して利益を上げられるのが大きな特徴です。

また、一般の投資信託は、保有している間、運用の手数料である「信託報酬」がかかりますが、ETFの信託報酬は一般の投資信託よりもかなり低く設定されています。

さらに売買時にかかる手数料も、一般の投資信託よりも安くなっています。

国内で取引されているETFは290銘柄あります（2023年9月現在）。

なお、一般の投資信託が、ネット証券の積立投資などを利用すれば100円から購入できるのに対して、ETFは商品ごとに10口（くち）、100口などと「売買単位」が決まっているため、購入するにはもう少しまとまった資金が必要になります。

Money 31 Basics

# 債券とは何か?
# 国債のメリットは?

POINT 1

## 国債は国が投資家に出す「借用証書」!

債券とは、国や地方自治体、会社などが投資家から資金を借り入れるときに発行する有価証券で「借用証書」のようなもの。国が責任をもって発行する債券が「国債」です。

買ってソンは
させないヨ!
日本国政府
が責任をもって発行

POINT 2

**個人向け国債は
元本と利子を保証!**

国債にはいくつか種類があり、個人でも買いやすくした国債が「個人向け国債」です。銀行などで買うことができ、元本（投資したお金）が保証されて最低保証金利があります。

POINT 1

# 国債は国が投資家に出す「借用証書」!

## 債券の種類にはいろいろある

**国債**
国が発行体

- **一般の国債**：生保・損保など機関投資家ほか誰でも購入できる国債
- **個人向け国債**：個人を対象とした国債

**地方債**
地方自治体が発行体

**社債**
会社が発行体

**外債**
海外の政府や会社が発行体。円建てで発行される外債は「サムライ債」という

**利付債**：満期まで定期的に利払いし、満期に額面金額を払い戻す

**割引債**：額面より低い金額で発行され、満期に額面金額を払い戻す

**債**券は借入金の返済期限である「満期」が1年、5年、10年などと決められています。その間、国や地方自治体など債券の発行体は投資家に対して決められた利子を支払います。そして満期を迎えて「償還日」になると元本が払い戻されるしくみです。満期を待たずに売却して換金することもできます。

債券には上のようにいろ**いろな種類があります**。債券は比較的、安全性、収益性、流動性の高い金融商品ですが、決してノーリスクではありません。発行体が財政難で破綻などして債務不履行におちいる「信用リスク」などがあります。

# POINT 2 個人向け国債は元本と利子を保証！

## 個人向け国債の概要（3種類共通）

金利が一番高く設定されるのは変動金利型10年満期です。例えば2023年11月発行のものは、初回の利子の適用利率は基準年利※×0.66（%）で、その後は半年ごとに見直されます。市場金利が下がっても年0.05%の最低利率が保証されています。大手銀行の定期預金金利は0.002%ですから、将来金利が下がるリスクはあるものの（上がる可能性もある）、当初の設定利率はこれらと比較して有利といえます。

※10年固定利付国債の市場金利。

| | |
|---|---|
| 金利の下限 | 0.05% |
| 利子の受取 | 半年ごと（年２回） |
| 購入単位 | 最低１万円から１万円単位 |
| 販売価格 | 額面100円につき100円 |
| 償還金額 | 額面100円につき100円 |
| 発行月 | 毎月（年12回） |
| 中途換金 | 発行後１年経過後から可能 |

個人向け国債は
買いやすいのも
魅力だネ！


個人向け国債は個人を対象に販売される国債です。※機関投資家や会社は購入できません。種類は「変動金利型10年満期」「固定金利型5年満期」「固定金利型3年満期」の3つです。**概要は3種類共通**で上のとおりです。満期を迎えると元本が払い戻され、その間、所定の利子が半年ごとに年2回支払われます。また最低保証金利といって変動金利型、固定金利型とも保証される金利の下限が0・05％に決められています。毎月、募集があり（新発債）、銀行や証券会社などで1万円から買えます。また発行後1年を経過すれば中途換金が可能です。

※生命保険会社や損害保険会社など大口の法人投資家。

# NISAとは何か?
# iDeCoとは? メリットは?

POINT 1

## NISAは投資で得た利益が非課税!

投資で得た利益には税金が 20.315%もかかります。そのため税制優遇のある制度を利用したほうが絶対にトクです。「NISA」は投資で得た利益が非課税になる有利な制度です。

ートの
ー サ
NISA
投資非課税制度)

**成長投資枠**

**年間最大240万円、非課税期間は無期限、累積投資額で最大1,200万円の投資で得られた利益が非課税**

**非課税**

節税

イデコ
## iDeCo
（個人型確定拠出年金）

**毎月一定額を積み立てて
投資信託などで運用し、
受取時点の投資の成果を
60歳以降に受け取る**

POINT 2

### iDeCoは3つのタイミングで節税!

投資で得た利益のほか、掛金（元本）や、受け取る年金・一時金にも税制優遇があるのが「iDeCo」です。NISAと並んで老後の資金づくりに有利な制度です。

202

新し

非課税

## つみたて投資枠

**年間最大120万円、
非課税期間は無期限、
累積投資額で最大1,800万円
の投資で得られた
利益が非課税**

# POINT 1 NISAは投資で得た利益が非課税！

## 所得税・住民税の20.315％が非課税に

利子（利息）や配当金（分配金）、譲渡金（売買差益）など、投資で得られた利益には所得税と住民税を合わせて20.315％の税金がかかります。それがNISAなら一定額までの投資で得た利益なら税金はゼロです。例えば投資信託で10万円の分配金（普通分配金）が出たら通常は2万315円の税金が差し引かれて利益は残りの7万9,685円。それがNISAを利用すれば10万円がまるまる利益になります。ただしNISAを有利に利用するには以下のようなポイントがあるので注意しましょう。

### NISAを利用するときの注意点

| | |
|---|---|
| 専用のNISA口座を開設する | 普通の口座での取引で得た利益は非課税扱いにならない |
| 分配金などはNISA口座で受け取る | NISA 口座以外で受け取ると非課税扱いにならない |
| 株式に投資するときは証券会社に口座開設 | 銀行で開設したNISA口座では株式投資信託は買えるが、株式は買えない |

お金が貯蓄に回ることが多い日本では、投資に回るお金を増やそうと政府がさまざまな施策を実施しています。

投資に対する税金面で優遇がある「NISA[※1]」もその1つ。この制度を利用すると年間360万円（累積で最大1800万円）までの投資で得た利益に税金がかかりません。NISAを利用するには金融機関に専用のNISA口座を1人1口座だけ開設[※2]します。この口座以外では利益を非課税にできません。

2024年スタートの新しいNISAには2つの投資枠があり、それ以前のNISA制

※1　正式名称は「少額投資非課税制度」で「Nippon Individual Savings Account」の略称。
※2　NISA口座は1年を単位に変更可能。

## 2つの投資枠の特徴

つみたて投資枠は、投資方法が積立て投資だけで、投資対象商品も長期の積み立て・分散投資に適した一定の投資信託だけになっています。その代わり、累積で1,800万円までの投資額が非課税です。成長投資枠では一括による投資も可能で、一定の上場株式や投資信託等にも投資できます。ただし、累積投資額は総合計1,800万円のうち1,200万円までです。

| | つみたて投資枠 | 成長投資枠 | 合計最大 |
|---|---|---|---|
| 非課税投資額 | 年間120万円 | 年間240万円 | 年間360万円 |
| 非課税期間 | 無期限 | | — |
| 累積投資額 | 最大1,800万円 | 最大1,200万円 | 最大1,800万円 |
| 投資方法 | 積立て | 一括、積立て | — |
| 年齢制限 | 18歳以上 | | — |

併用可能

新しいNISAでは、それまで併用できなかった投資枠が併用可能になった

度ではできなかった併用も可能になりました。

そのうちの1つ「つみたて投資枠」は、毎月など定期的に、少額の積立てをする投資方法です。新しいNISAには非課税期間の制限がないので、少額の投資でも長期にわたって非課税の恩恵を受けられます。

また「成長投資枠」が上場株式などにも投資できるのに対して、つみたて投資枠は比較的安全な一定の投資信託だけが投資対象です。株式投資など高いリスクを負いたくない初心者や、長期にわたる投資を始める若い世代向けといえます。

POINT 2
# iDeCoは3つのタイミングで節税!

## 税制優遇を受ける3つのタイミング

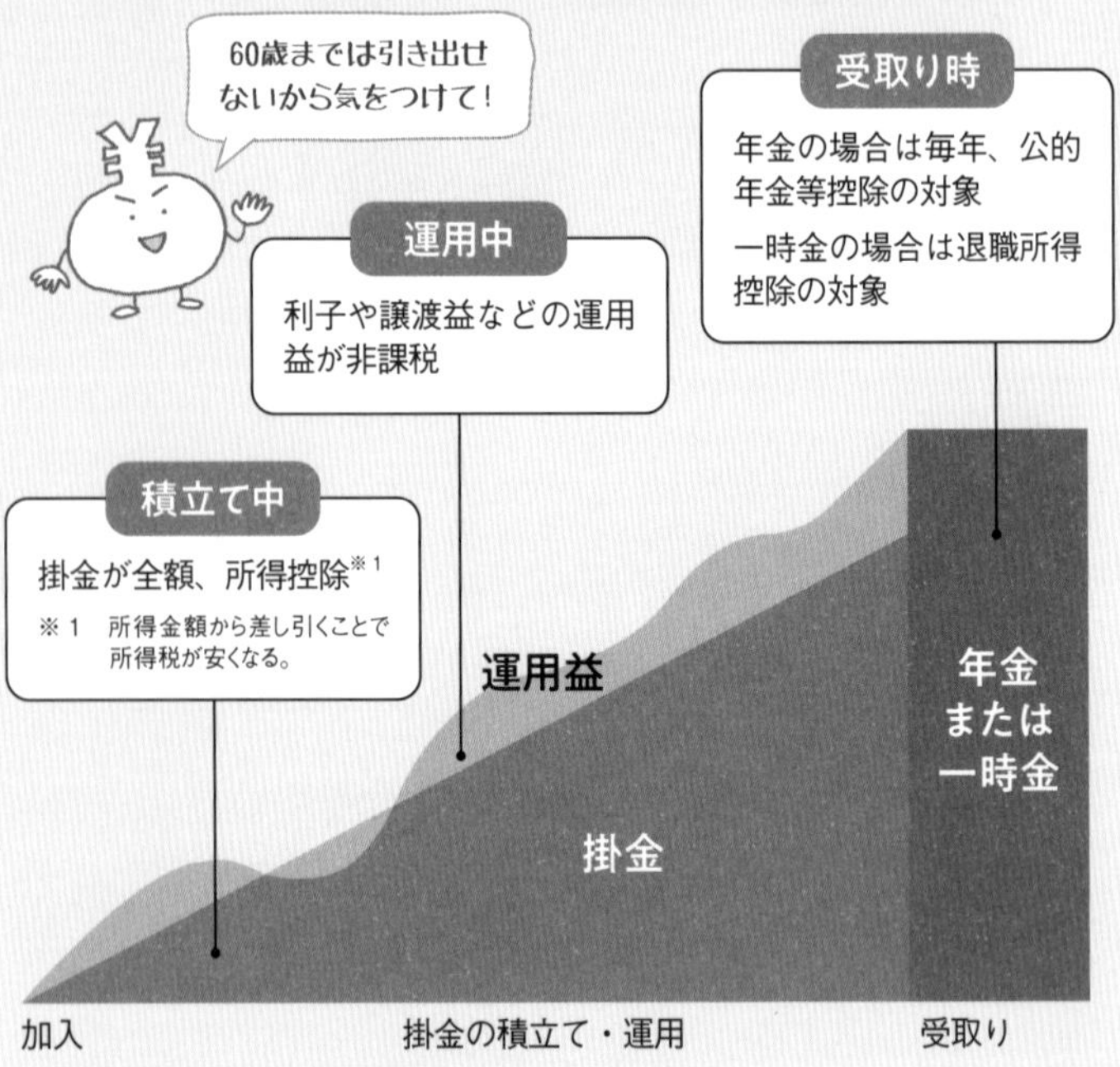

60歳までは引き出せないから気をつけて!
受取り時
年金の場合は毎年、公的年金等控除の対象
一時金の場合は退職所得控除の対象
運用中
利子や譲渡益などの運用益が非課税
積立て中
掛金が全額、所得控除※1
※1 所得金額から差し引くことで所得税が安くなる。
運用益
掛金
年金または一時金
加入
掛金の積立て・運用
受取り

税制優遇があるもう1つの制度が「iDeCo」です。「個人型確定拠出年金」が正式名称で、個人の利用者が自分で老後資金を用意するための制度です。利用者は最長で65歳になるまでの間、毎月、一定額の掛金を積み立てて投資信託や定期預金などで運用します。そして積み立てた掛金と運用で得た利益は、60歳以降75歳までの間に年金か一時金の形で受け取るしくみです。

iDeCoは**3つのタイミングで税制優遇が受けられます**。まず積み立てる掛金が全額、所得控除されます。そして投資で得られたすべての利益（運用

## iDeCoの特徴と利用時の注意点

積み立てる掛金は月額5,000円以上で、1,000円単位で決められます。運用商品は金融機関ごとに取り扱うものが違うので注意が必要です。
口座の手数料も金融機関ごとに異なります。運用中に金融機関を別のところに変えて口座を変更することは可能ですが、変更前の口座のお金はいったん全額を現金化しなければなりません。

| | |
|---|---|
| 掛金の上限 | 利用者の公的年金などの加入状況により、上限額は月額１万2,000円～６万8,000円 |
| 運用商品 | 主に投資信託などで運用される「元本変動型」と、主に定期預金などで運用される「元本保証型」があり、両方組み合わせも可能 |
| 口座の手数料 | 加入時や運用中などに、ほとんどの場合で手数料がかかる |
| 口座の変更時 | いったん、すべて現金化しないと口座の変更はできない |
| 引出し・中途解約 | お金の受取りは60歳になったときから75歳までの間。60歳未満の引出しや中途解約は原則できない |

益）は20・315％の税率がかかりません。さらに60歳以降に年金や一時金の形で受け取るときも税金の優遇があります。

利用する際には**利用者によって掛金の上限額が異なるほか、いくつか注意したい点があ**ります。まずＮＩＳＡ口座と違って手数料がかかります。加入時や運用中、受取時にもかかることがあります。口座の変更にも手数料がかかり、口座の変更時にはすべて現金化するルールもあります。金融機関選びは手数料などを調べて慎重に行いましょう。また60歳未満の引出しや中途解約は原則できません。

# FXとは何か？どうやって儲ける？

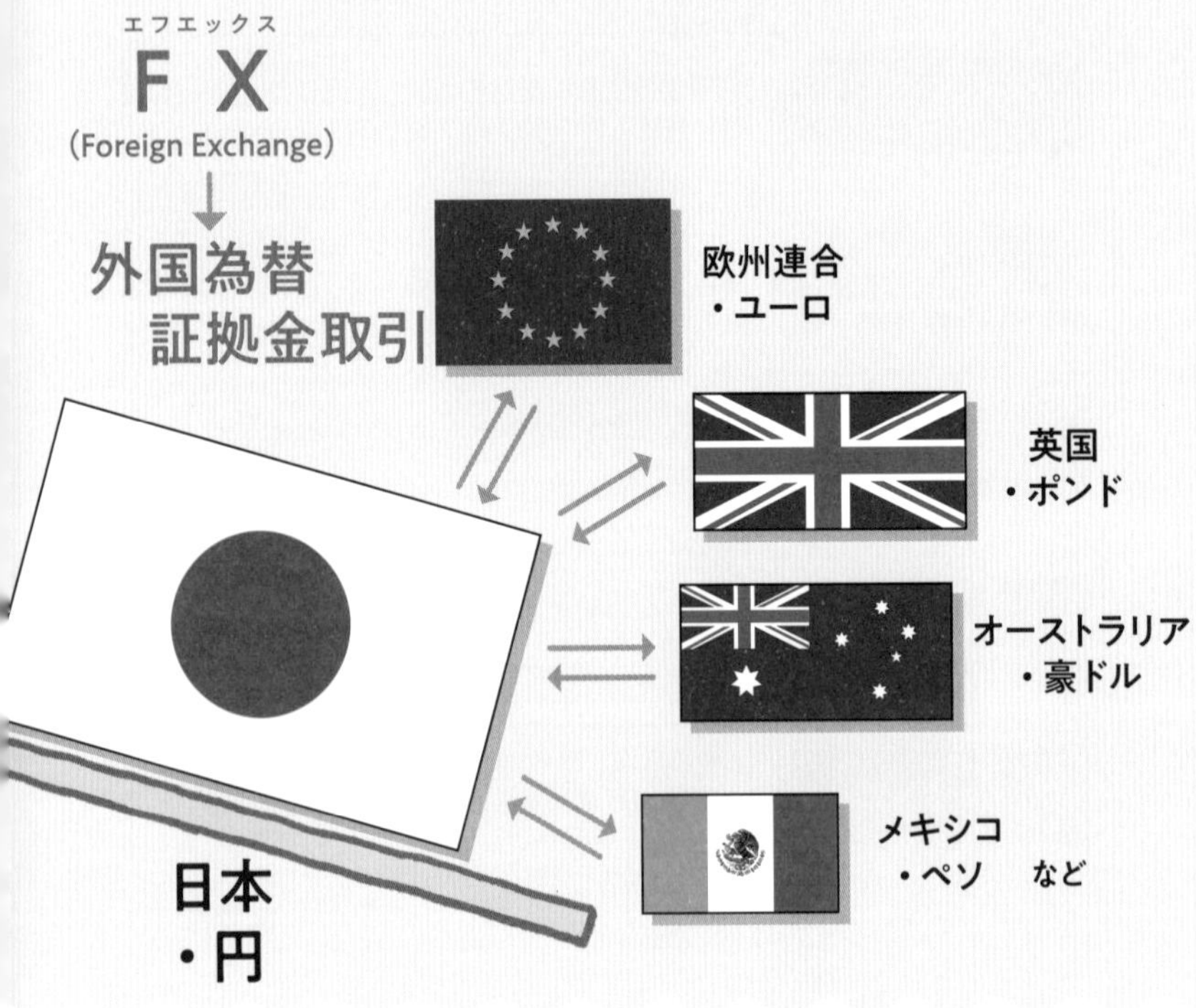

FX（外国為替証拠金取引）は日本や海外の通貨を売買する取引です。**少額の「証拠金」で25倍までの大きな投資ができる点が特徴です**。例えば資金が10万円しかなくても最大250万円分の取引ができます。これを「レバレッジ※取引」といいます。

FXで利益を上げる方法の1つは為替相場の変動による**「為替差益」**を得る方法です。円やドルなどの通貨を安く買って高く売る、あるいは先に高く売ってあとで安く買

※レバレッジは、てこの作用を意味する用語。

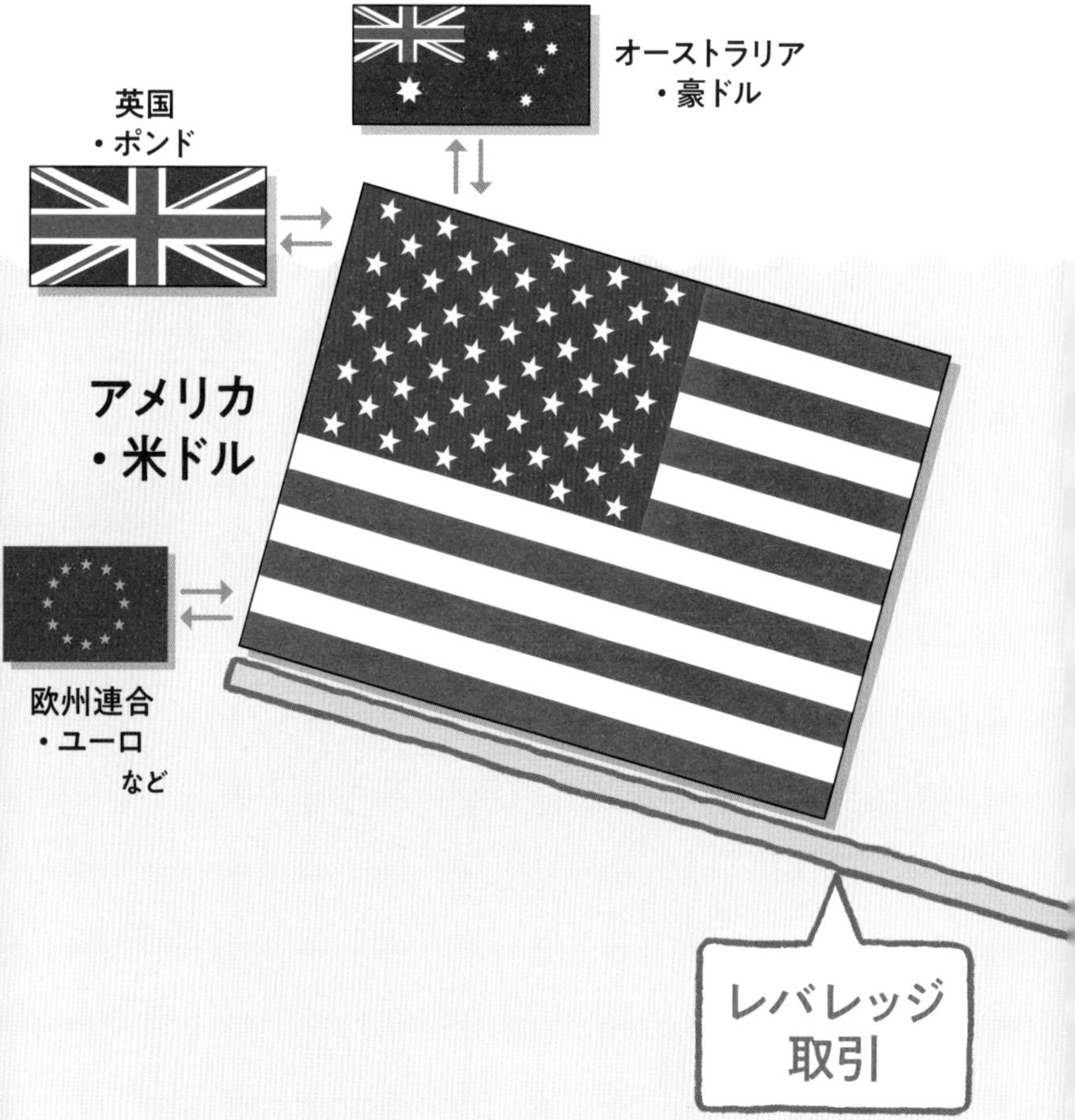


うことで利益を得ます。
もう1つは各国の金利差を利用して「スワップポイント」を得る方法。簡単にいうと、金利の低い通貨を売り、金利の高い通貨を買って保有していると、金利差分の利子がもらえます。
日本の個人投資家によるFX取引などは、外国為替相場を動かすほどのインパクトがあります。
ただ、FX取引自体は投機性が強く、とくに老後を見すえて長期的にお金を増やすような投資の手段とはいえません。

Money 34 Basics

# 知っておきたい 相続と贈与のポイントは?

## 贈与

**基礎控除**

**年間110万円**

**(暦年課税の場合)**

POINT 1

### 贈与税には2つの課税方式がある!

亡くなったあとに財産を譲る(渡す)のが「相続」、生前に財産を譲るのが「贈与」です。それぞれ「相続税」「贈与税」が課されます。贈与税の課税方式には「暦年課税」と「相続時精算課税」の2つがあります。

POINT 2

## 相続税の発生は10件に1件程度!

相続財産の総額が基礎控除の額を超えた分は相続税が発生しますが、その割合は10件に1件程度。たいていは相続があっても相続税が課されずに済んでいます。

## POINT 1 贈与税には2つの課税方式がある!

### 2つの課税方式のどちらかを選ぶ

110万円までの贈与なら暦年課税を選べば非課税で、それを超える贈与額なら相続時精算課税を選べば贈与時点では課税されません。どちらの課税方式を選ぶかは、贈与を受けた人が選択し、贈与税の申告（1/1～12/31分について翌年2/1～3/15）の際に税務署に届け出ます。

**暦年課税**

**1年間の合計贈与額が110万円（基礎控除額）まで非課税**

- 子が親から600万円の贈与を受けた場合

{(贈与額600万円 − 基礎控除額110万円) × 税率20%}
− 控除額30万円 ＝ 贈与税68万円

**相続時精算課税**

**合計贈与額が2,500万円に達するまで非課税**

- 将来の相続時に相続したものとして精算する
- 60歳以上の親などから20歳以上の子などへの贈与について適用可能
- 2,500万円を超えた額は一律20%の課税

読者の中には将来、マイホーム取得の頭金の一部を親に援助してもらうようなこともあるでしょう。親から生前に財産の一部を譲り受けることを「贈与」といい、贈与額には「贈与税」が課されます。

この課税方式には「暦年課税」と「相続時精算課税」の2つがあります。暦年課税は、暦の1年間の合計贈与額で税額を計算する方式で、110万円の基礎控除があります。110万円以下なら非課税となり、それを超えた分については数段階に分けられた課税価格ごとに税率と控除額が決まっています。

一方、相続時精算課税は

## 贈与税が非課税となるケース

近年、高齢者が保有する多額の資産を、早い時期にお金を使うニーズの高い若い世代へ移転することが政府の政策課題になっています。相続時精算課税もその1つですが、相続税での精算ではなく、贈与税そのものを非課税にしようというのが下の非課税措置です。

### 住宅取得等資金に係る贈与税の非課税

父母や祖父母などから子や孫への住宅取得などのための贈与は最大で1,500万円まで非課税（2023年12月までの契約）

### 教育資金の一括贈与に係る贈与税の非課税

父母や祖父母などから子や孫への教育のための贈与は、子・孫など1人につき1,500万円まで非課税（2026年3月まで）

### 結婚・子育て資金の一括贈与に係る贈与税の非課税

父母や祖父母などから子や孫への結婚・子育てのための贈与は、子・孫1人につき1,000万円まで非課税。うち、結婚資金は300万円が限度（2025年3月まで）

※いずれの措置も贈与の方法などに細かい定めがある。

2500万円に達するまでの贈与額にかかる税金を、その後に相続があったときに相続したものとして精算し、贈与の時点では非課税とする方式です。こちらの方式を利用すれば110万円を超える生前贈与でも当面の課税を心配する必要がなく、スムーズに贈与できます。

贈与税の税率は、相続税逃れの生前贈与を防ぐために相続税よりも高く設定されています。親や祖父母からの贈与は一般よりも低い税率になりますが、それでも高めです。ただし住宅資金や教育資金、結婚・子育て資金などの目的に限っては非課税になるケースがあります。

POINT 2

# 相続税の発生は10件に1件程度！

## 相続税額の計算方法

**●相続税の基礎控除額**

3,000万円+（600万円×法定相続人の数）

→算出額以下なら相続税の申告・納税は不要

**●相続税の税額の計算**　※課税遺産総額＝正味の遺産額－基礎控除額

課税遺産総額※の法定相続分×税率－控除額

→ただし1親等の血族と配偶者以外には相続税額が2割加算（兄弟姉妹など）

**◆相続税の速算表**

| 法定相続分に応じた取得金額 | 税率 | 控除額 |
|---|---|---|
| 1,000万円以下 | 10% | － |
| 3,000万円以下 | 15% | 50万円 |
| 5,000万円以下 | 20% | 200万円 |
| 1億円以下 | 30% | 700万円 |
| 2億円以下 | 40% | 1,700万円 |
| 3億円以下 | 45% | 2,700万円 |
| 6億円以下 | 50% | 4,200万円 |
| 6億円超 | 55% | 7,200万円 |

相続税には「3000万円+（600万円×法定相続人の数）」の基礎控除があります。法定相続人とは民法で決められた相続人で、亡くなった人の配偶者や子どもなどです。

この基礎控除額の範囲内なら相続税はかからず、申告も不要です。例えば法定相続人が親子3人なら、相続財産が4800万円までは相続税の申告・納税は必要ありません。

とくに夫婦間の相続で配偶者は優遇されており、相続財産が1億6000万円以下なら相続税はゼロです（申告は必要）。

相続税の計算では、相続財産の額から故人の借金や葬式の費

## 贈与と相続の比較

贈与と相続では申告・納税する窓口が違うので注意しましょう。贈与は財産をもらった人（受贈者）の住所の所轄税務署ですが、相続税は財産を譲った故人（被相続人）の住所の所轄税務署になります。もし亡くなった親と遠く離れた場所に子どもが住んでいる場合でも、子どもは自宅の最寄りの税務署では相続税の申告・納付の手続きはできません。

| | |
|---|---|
| 生きている人（贈与者）から財産をもらう | 亡くなった人（被相続人）から財産をもらう |
| 税金（贈与税）はもらった人（受贈者）が申告・納付する | 税金（相続税）はもらった人（相続人、受遺者）が申告・納付する |
| 申告する窓口は受贈者の住所の所轄税務署 | 申告する窓口は被相続人の住所の所轄税務署 |
| 贈与の翌年の２月１日～３月15日に申告・納税 | 被相続人が亡くなった翌日から10ヵ月以内に申告・納税 |

用などを差し引けます。そこから基礎控除額を超えた分について課税され、一定の方法で相続人の間で分けて**右上のような計算式と税率で計算した合計が相続税の総額**となります。

相続税が発生して申告が必要になった場合は、亡くなった翌日から10ヵ月以内に税務署に申告します。申告期限をすぎると、本来の税額のほかに延滞税などがかかることもあります。

**贈与と相続の違い**は、生きている人から財産を譲られるか、故人からもらうかの違いです。どちらも申告と納税の義務は財産を譲られた人にあります。

Money Column

# 暗号資産（仮想通貨）への投資とは？

暗号資産（仮想通貨）を、投資の対象として考えている人がいるかもしれません。

**暗号資産は本来、送金の手段、決済手段です。投資手段ではありません。**実際、大手金融機関のいくつかは、暗号資産の技術を使った新しい決済手段の開発に取り組んでいます。

にもかかわらず、投資の1つと思っている人がいるのは、過去に20倍、30倍という大きな値動きを繰り返してきたからでしょう。現在では逆に、決済手段として暗号資産を買っている人はほとんどいないはずです。

確かに、本来の決済手段は価値が安定していることが望ましいもの。**ビットコインのように価格が乱高下していては、決済手段としては使いにくい**といえます。

しかし、暗号資産には、会社の株式のような裏づけとなる事業もなければ、預金のように利息を生むこともありません。なぜ買う人がいるかといえば、**値上がりしそうだからというだけ**です。では、なぜ値上がりしそうかといえば、値上がりすると思っている人がいるからにすぎません。買いが買いを呼んでいるわけです。

いうなれば**暗号資産は投機の対象、ギャンブルの手段**であり、投資対象には値しないといえます。とくに**長期間に渡ってお金を増やしてゆくための投資手段としてはなじみません。**

Chapter

4

Money Basics

＼ イザに備える ／

# 生命保険・損害保険

# 多くの人が保険に入るのはなぜ？

お金が必要だ！
公的保険もあるがそれだけでは足りない部分はどうする!?

死亡や事故、病気やケガなど、人生にはさまざまなリスクがつきものです。その備えとして、まず「**公的保険**（健康保険や年金など）」がありますが、万一のときにはそれだけでは足りない部分、とくにお金に関する不安が残ります。

そのため多くの人は万一に備えて**民間の保険（私的保険）**に入ります。

ここで知っておきたいのが「**貯蓄は三角、保険は四角**」という言葉です。左上の図のように縦軸を金額、横軸を時間とした

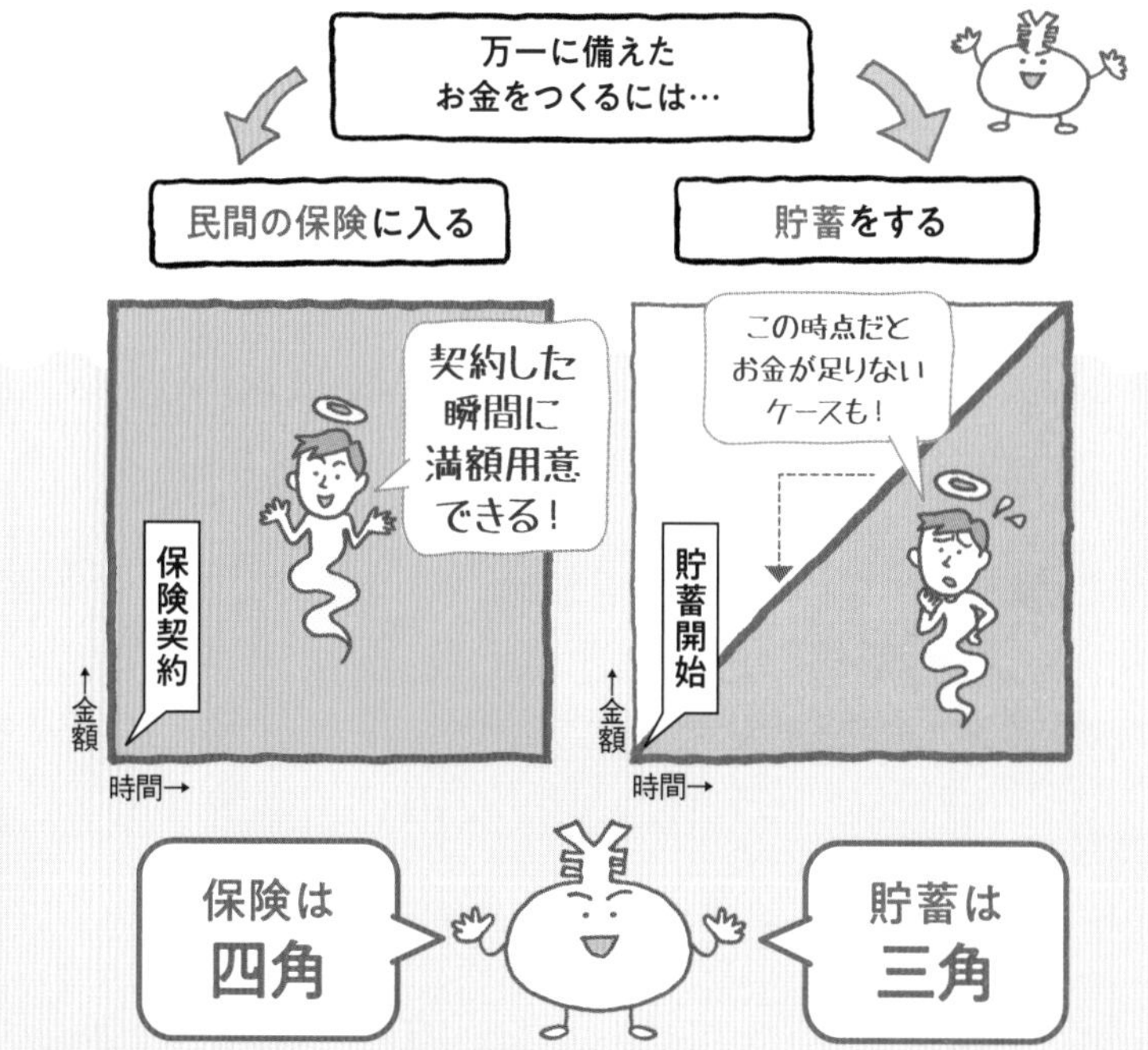


**保険の種類**（保険業法による分類）

| 生命保険（第一分野） | 損害保険（第二分野） | 第三分野 |
|---|---|---|
| 終身保険、養老保険、定期保険、個人年金保険など生死にかかわる「保障」 | くるま、すまい、からだ・老後、くらし・レジャーなどの損害にかかわる「補償」 | 医療保険や、がん保険などの「保障（補償）」 |
| 生命保険会社のみ取り扱う | 損害保険会社のみ取り扱う | 生命保険会社と損害保険会社の双方で取り扱う |

場合、貯蓄は時間の経過とともに金額が積み上がって、三角形を描くのに対して、**保険は契約と同時に決められた金額が用意できるため**、四角形を描きます。貯蓄はお金を貯めるのに時間がかかりますが、保険なら契約した瞬間に必要な額のお金が用意できるのです。

保険には生命保険や損害保険などリスクに応じていろいろな商品があり、万一に備えた安心を得るために多くの人が加入しています。

# 生命保険はどんな商品？どんなタイプがある？

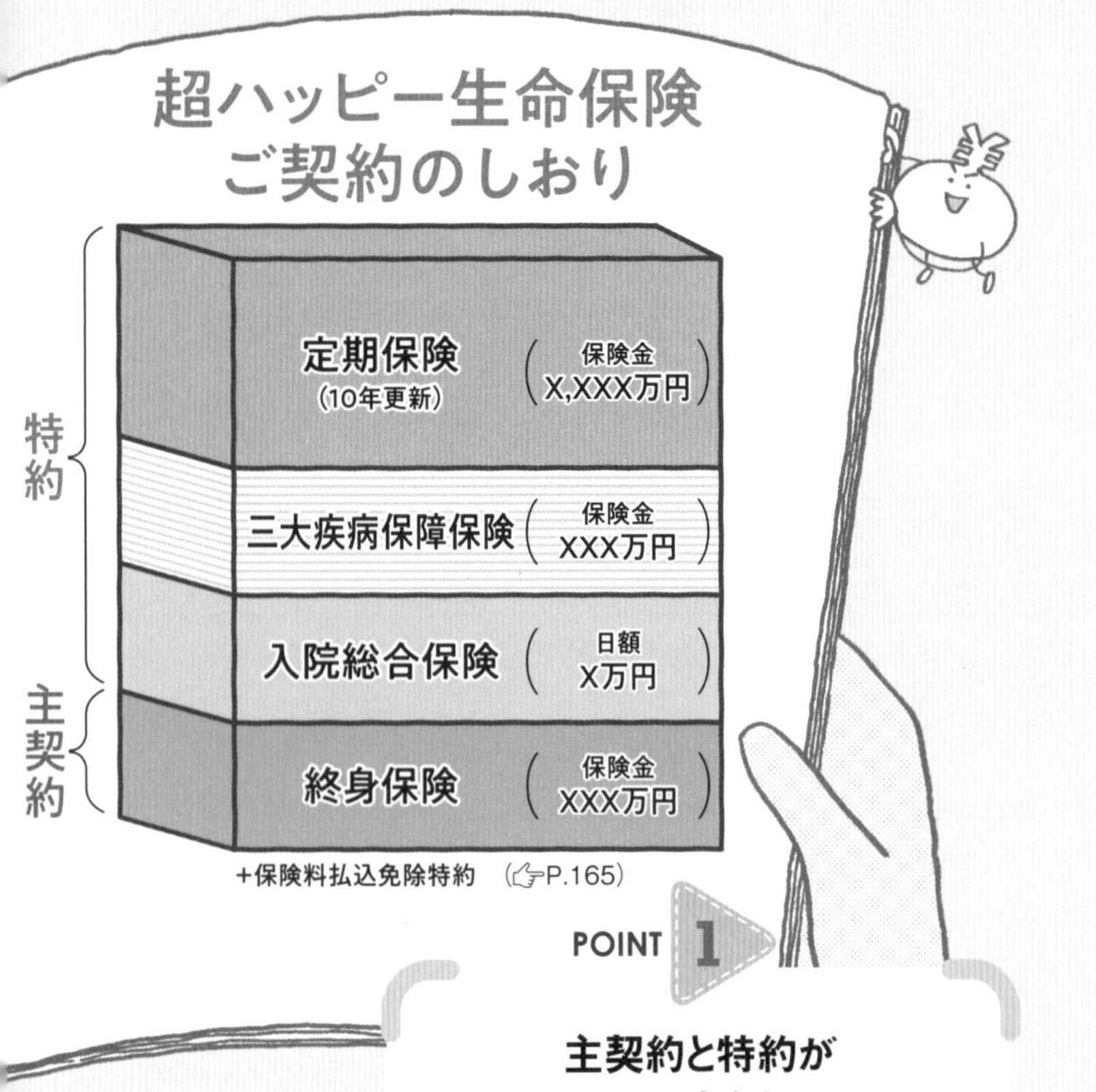


POINT 1

## 主契約と特約がセットで売られる！

生命保険の多くは、主契約となる保障と、特約となる保障を複数組み合わせて、セットで売られています。何を主契約とし、何を特約とするかは慎重な検討が必要です。

POINT 2

## 保険料の「掛け捨て型」と「貯蓄型」がある！

保険商品には、保険料が「掛け捨てになる」タイプと、保険料の一部が「貯蓄される」タイプがあります。保障内容に大きな差はないので、どちらを選ぶかはよく考えましょう。

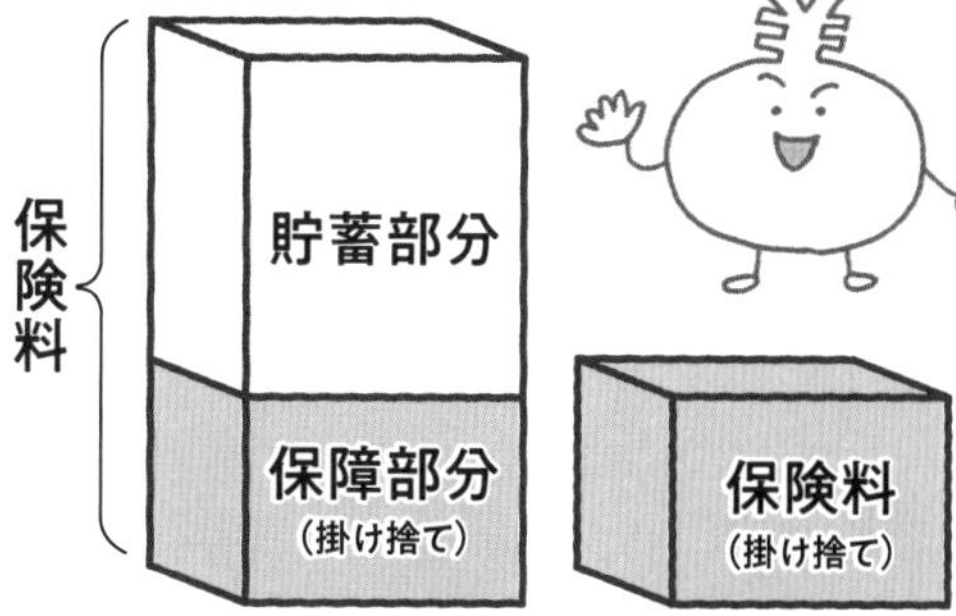

| | 貯蓄型保険 | 掛け捨て型保険 |
|---|---|---|
| 保険商品 | 終身保険、養老保険など | 定期保険、収入保障保険など |
| 解約返戻金 満期保険金 | あり | なし |
| 保険料 | 高い | 安い |

POINT 1

# 主契約と特約がセットで売られる!

## 生命保険の3つの基本形

| | 終身保険 | 養老保険 | 定期保険 |
|---|---|---|---|
| 特徴 | 一生涯にわたって死亡時に死亡保険金が支払われる | 一定期間内に死亡した場合に死亡保険金が支払われる。また生存中に満期を迎えると満期保険金が支払われる | 一定期間内に死亡した場合に死亡保険金が支払われる |
| 保険期間 | 一生涯（満期なし） | 一定期間（満期あり） | 一定期間（満期あり） |
| 死亡保険金 | あり | あり | あり |
| 満期保険金 | なし | あり | なし |
| 解約返戻金 | あり | あり | なし（あってもわずか） |
| 保険料 | 高い（定期保険よりも高い） | 最も高い | 安い |

人の生死に関して保険金が支払われるのが「生命保険」です。

一家の大黒柱が死亡したときに遺族にお金を残すためや、病気やケガの入院費などを準備するための保険です。

生命保険には、**終身保険、養老保険、定期保険という3つの基本形**があり、それぞれの特徴は上のとおりです。

ここで「満期保険金」や「解約返戻金」などの**保険の専門用語が出てきます**が、これらの意味も理解して、入ろうとする保険がどんな保障内容なのかよく確認しましょう。

また、生命保険の多くは

## 保険の専門用語を知っておこう

| | |
|---|---|
| 保険期間 | 保険契約が続く期間。保障の開始から終了までの期間。保険契約（保障）が終わるときを「満期」という |
| 死亡保険金 | 被保険者（保険の保障の対象となる人）が死亡したときに支払われるお金 |
| 満期保険金 | 被保険者が生存中に満期を迎えたときに支払われるお金 |
| 解約返戻金 | 保険期間中に保険を解約した際に、保険会社から契約者へ払い戻されるお金 |
| 保険料 | 保険の契約者が保険会社に支払うお金。保険料を支払い続ける期間を「払込期間」という |
| 保険金額 | 保険の契約金額。万一の際に保険会社が契約者に支払うお金の上限額 |

## 保険商品は主契約と特約がセット

セット販売で主契約は1つだけでよく、特約は複数つけられます。主契約の保障はそれだけでも保険契約できますが、特約は単体のみでの保険契約はできません。また保険期間中に主契約を解約すると特約も解約になります。

### 主契約（しゅけいやく）と特約（とくやく）を組み合わせて、セットで売られています。

主契約とは保険契約のベースとなる保障。特約はオプションとして必要なものを選び、主契約につけ加える保障です。

特約は、単体のみでは契約できません。

また特約といっても一部を除いて無料ではなく、保険料がかかります。1つの主契約に、いくつもの特約をつけると、保険料は高くなりがちです。

何を主契約として、何を特約とするかは、慎重な検討が必要です。

POINT 2

# 保険料の「掛け捨て型」と「貯蓄型」がある!

## 掛け捨て型は払い損、貯蓄型は魅力に乏しい

保険金はもらえない場合もあるが、保険料が安いのが掛け捨て型。保険金は必ずもらえるが、保険料が高いのが貯蓄型です。

**掛け捨て型保険**
（定期）

- 万一のことがなければ保険金は支払われず、保険料は「払い損」になる
- ただし、保険料は安い

終身保険を選択

**貯蓄型保険**
（終身・養老）

- 万一のことがなくても貯蓄部分の保険金は支払われる
- ただし、保険料は高い
- 金利が高かった時代は貯蓄手段として魅力があったが、いまの低金利時代では貯蓄性に乏しく、逆に割高な保険料が家計を圧迫する

養老保険を選択

保険商品は、保険料が掛け捨てとなる「掛け捨て型保険」と、保険料の一部が貯蓄される「貯蓄型保険」の2つのタイプがあります。

前者は定期保険などで、万一※のことがなかった場合は保険金が出ず、支払った保険料は「払い損」になります。ただ、それは結果論であり、保険期間中のリスクに対して、万一に備えた「安心を買った」と考えれば、ムダな出費ではありません。

一方、後者の終身保険や養老保険などは、万一がなくても保険金（死亡保険金や満期保険金、または解約返戻金）を受け取れます。

※保険事故。保険金が支払われる事由。

trivia

# 保険のトリビア

## リビング・ニーズ特約、保険料払込免除特約とは

被保険者が医師から余命6ヵ月以内と診断されたときに、死亡保険金を前倒しして存命中に受け取れるのが「リビング・ニーズ特約」です。ほかの特約と違い、保険料の割増はなく無料でつけられます。また、がんなどで所定の状態になったときに、以後の保険料支払いを免除されるのが「保険料払込免除特約」です。この特約をつける場合は割増の保険料が必要です。

リビング・ニーズ特約で生存中に保険金ゲット！
がん告知！
保険料払込免除特約で保険料支払い不要！


## 生命保険の契約は「財産」とみなされる！

まだ保険を使う事故が発生していない生命保険契約は、現時点で解約したときに保険会社から支払われる解約返戻金などの額は「財産」とみなされます。そして、万一のときに遺族に支払われる保険金は「みなし相続財産」として相続税の課税対象となります。

遺族に支払われる生命保険金の**非課税枠**

〈500万円×法定相続人の数〉の金額

# 自分に合った生命保険はどうやって選べばいい？

POINT 1

## 生命保険に入る前に必要保障額を考えよう!

自分に合った保険金額、保険料の保険にするには「必要保障額」を知ることが大切です。遺族の将来の支出と収入を予想して正しい額を計算しましょう。

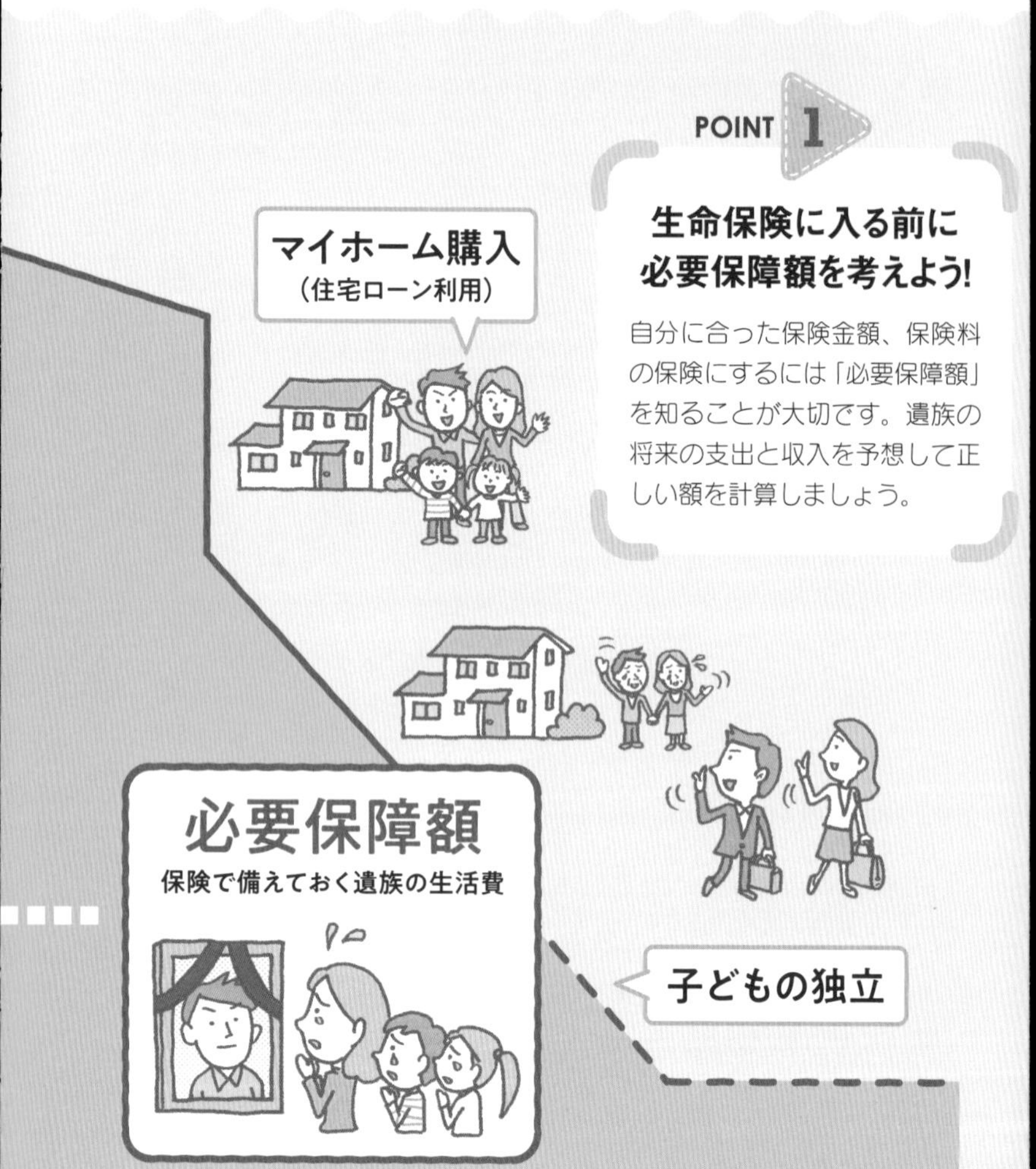

### 保険は更新するたび保険料がハネ上がる!

例えば保険期間10年の定期保険をそれまでと同じ保障内容で更新する場合、再契約時に被保険者の年齢が上がっているため保険料が2倍くらいになるケースもあります。

POINT 2

### 必要保障額はライフステージの変化で変わる!

右図の赤線の部分が必要保障額です。必要保障額はライフステージの変化により変わるため、人生のどの期間に、いくらの民間の保険（私的保険）が必要か（保険金額）を検討する必要があります。

POINT 1

# 生命保険に入る前に必要保障額を考えよう!

## 保険金額は必要保障額から割り出す

遺族が将来必要なお金は、持ち家などの「いまある財産」や、遺族年金などの「遺族の将来の収入」で一定額をカバーできるものです。それでも足りない分を生命保険で備えるようにしましょう。
そのために必要保障額を知ることが大切なのです。

◆遺族に残すお金の計算式

遺族の将来の支出

－ いまある財産

－ 遺族の将来の収入

＝ **必要保障額**

＝

**生命保険の保険金額**

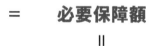

自分に合った生命保険を選ぶには「保険金額」をいくらにするかを、よく検討する必要があります。

保険金額を高くするほど保険料も高くなり、家計の負担となるからです。

そこで**保険加入の前に考えておきたいのが「必要保障額」**です。

必要保障額とは、家族の生活を支える人が亡くなったあとに、遺族が生活していくため（とくに子どもが独立するまで）に必要なお金のうち、生命保険で備えておくべきお金の額です。

# POINT 2 必要保障額はライフステージの変化で変わる!

## 遺族の将来の支出と収入がポイント

必要保障額をできるだけ正確に計算するには、遺族の将来の支出と収入がポイントになります。例えば会社員の夫が死亡し、専業主婦の妻と子どもが残された場合、支出と収入は下のものが考えられます。

**遺族の将来の支出**

**生活費**
➡一般にそれまでの7割程度が目安
子どもの独立後はさらに減る

**教育費**
➡公立か私立かで異なる
公的な教育費支援制度もある

**住宅費**
➡持ち家で住宅ローン利用なら団体信用生命保険の保険金でローン残高は完済される
老後のリフォーム費用は別途必要

**遺族の将来の収入**

**遺族年金**
➡①遺族基礎年金
末子が18歳になる年度の3月末まで支給
②遺族厚生年金
夫が会社員・公務員の場合に支給
③中高齢寡婦加算
条件を満たす場合に遺族厚生年金に加算されて支給

**妻の老齢基礎年金**
➡原則65歳から支給

**夫の死亡退職金**

**妻の給与収入**

＋

**いまある財産**

必要保障額を正しく計算すれば、本当に保険で備えておく金額がわかり、むやみに高額保険に入って高い保険料を支払うこともありません。

それでは実際に**必要保障額を計算してみましょう**。遺族の将来の支出と収入をできるだけ正確に予測して計算するのがポイントです。

また、必要保障額は子どもの誕生や住宅購入などの、ライフステージの変化によって変わります。

ただ、保険の見直しは最低限で済むように、当初の保険内容をよく考えましょう。

# 民間の医療保険は入ったほうがいい？

病気やケガはお金がかかるなぁ
入院
手術
10000
差額ベッド
通院タクシー
などなど


POINT 1

## 入院や手術をしたら給付金が出る！

病気やケガで病院にかかると、入院費や手術代、差額ベッド代、通院費など、思わぬ出費があるものです。そんなときに民間の医療保険（私的保険）は給付金を受け取れる保険です。

POINT 2

## 公的な健康保険の上乗せ保障と考えよう!

セーフティネットとして誰もが加入している、健康保険などの公的医療保険は、保障内容が充実しています。それでも自分に足りない保障があれば、民間の医療保険（私的保険）で上乗せすればよいでしょう。

POINT 1

# 入院や手術をしたら給付金が出る!

## 民間の医療保険にはどんなものがあるか

保障期間が一生涯続くタイプと、一定期間だけのタイプがあります。一生涯の保障の場合、保険料も亡くなるまで払い続けるタイプと、ある年齢までに全保険料を払い済ますタイプがあります。

| | | |
|---|---|---|
| 商品構成 | 主契約<br>・入院給付金<br>・手術給付金　など | ＋ 特　約<br>・がん特約　・三大疾病特約<br>・通院特約　・先進医療特約　など |
| 商品タイプ | 終身医療保険<br>・保障期間は一生涯<br>・保険料は変わらない | 定期医療保険<br>・保障期間は5年、10年など一定期間<br>・更新すると保険料は上がる |
| 給付金額 | 入院給付金<br>入院給付金日額×入院日数 | 手術給付金<br>入院給付金日額×手術の種類などで決められた所定の給付倍率(20倍、40倍など) |
| 保険料の払込方法(終身タイプの場合) | 終身払い<br>・保険料を一生涯払い続ける<br>・保険料は有期払いより安い<br>・長生きするほど総払込保険料は増える | 有期払い<br>・一定期間までに保険料の払い込みを終える(60歳満了・65歳満了など)<br>・保険料は終身払いより高い |

病気やケガはお金がかかると心配する人が万一に備えて入るのが民間の「医療保険」です。医療機関を受診して入院や手術をすると、保険会社から給付金や一時金が支払われます。例えば入院給付金は入院1日あたりいくらと日額が決まっていて、保障の限度日数内なら入院日数×日額が出ます。

医療保険も生命保険と同様に、主契約の保障と特約の保障を組み合わせて売られています。通院特約やがん特約など特約をつければ保障範囲は広がりますが、その分、保険料は増えますから、本当に必要な特約かどうかはよく検討しましょう。

# POINT 2 公的な健康保険の上乗せ保障と考えよう!

## 公的医療保険の保障は盛りだくさん

### 医療費の自己負担は原則3割で済む

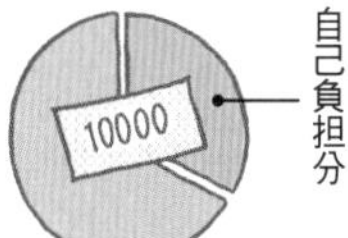


### 一定額以上の自己負担分は高額療養費制度で払い戻せる

●医療費100万円、自己負担３割の場合

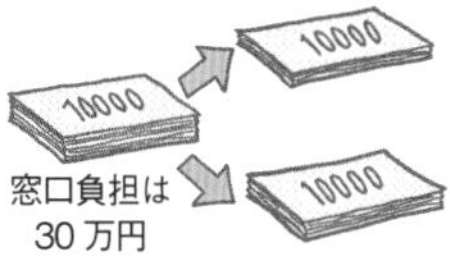


※標準報酬月額28万〜50万円の場合。

### 病気などで働けなくなったら保障がある

〈サラリーマンや公務員〉
- まず有給休暇（有休）を取得
- 有休消化後は健康保険から傷病手当金※が支給

※休業４日めから月額報酬の３分の２を最長１年６ヵ月間支給

〈個人事業主〉
- 国民健康保険には傷病手当金はない
- お金の不安があれば民間の医療保険に加入する

健康保険などの公的医療保険は、じつはかなり充実した保障内容になっています。

例えば医療費の自己負担分は原則３割で済みますし、一定額を超えた分は高額療養費制度で払い戻されます。

また病気で働けなくなったときは、健康保険に加入していれば傷病手当金が支給されます（国民健康保険にはなし）。

こうした公的保険だけでは不十分だと思うなら、保障を補完できる民間の医療保険への加入を検討するとよいでしょう（とくに個人事業主）。

# 火災保険の補償範囲は?いくらもらえる?

POINT 1

## 火災以外の災害や事故に幅広く対応!

わが国では失火責任法により近隣の出火による「もらい火」で自宅に被害をこうむっても損害賠償を受けられません。そのため火災への備えとして自分で民間保険に加入する必要があります。

### 失火責任法とは

明治32年に制定された法律で正しくは「失火ノ責任ニ関スル法律」といいます。過失により起こした火災は損害賠償責任を負わないと定めています。

POINT 2

## 十分な補償には保険金額を新価で設定!

保険金額を「新価(再調達価額※)」で設定しないと修理代などが全額支払われません。古いタイプの火災保険には「時価」で保険金額を設定したものがあるので注意しましょう。

※同じ建物をいま買う場合にかかる費用。

### 地震保険は火災保険とセットで加入!

地震保険は火災保険とセットでなければ加入できません。保険金額は火災保険で契約した保険金額をもとに上限があります。また保険料は建物の構造や地域によって差があります。

POINT 1

# 火災以外の災害や事故に幅広く対応！

## 住宅火災保険と住宅総合保険の違い

下のとおり住宅総合保険のほうが補償範囲が広くなっています。近年多い水災は住宅火災保険ではカバーされないので注意しましょう。保険料は補償対象が広い住宅総合保険のほうが割高になります。

| | 住宅火災保険 | 住宅総合保険 |
|---|---|---|
| 火災 | ○ | ○ |
| 風災・ひょう災・雪災 | ○ | ○ |
| 落雷 | ○ | ○ |
| 破裂・爆発 | ○ | ○ |
| 水災 | × | ○ |
| 外部からの飛来・落下・衝突 | × | ○ |
| 水濡れ | × | ○ |
| 盗難による損傷・汚損 | × | ○ |

失火責任法により、火災の被害は自分で民間の「火災保険」に入って備える必要があります。

「火災」保険とはいうものの、保険支払いの対象は火災による被害だけでなく、風災（ふうさい）や落雷などの自然災害をはじめ、破裂・爆発の事故など幅広い分野に及びます。

ただ、**住宅火災保険と住宅総合保険では補償範囲が異なる**ので、保険商品を選ぶ際に注意しましょう。

また、建物と、家具などの家財（ざい）は別々の保険契約になります。賃貸なら家財だけの補償の火災保険に入ります。

# POINT 2 十分な補償には保険金額を新価で設定！

## 「新価」と「時価」の違い

火災保険の保険金額の設定方法には「新価」と「時価」があります。新価とは火災発生後に同じ建物を買う場合にかかる価格で、時価は新価から時間の経過による建物の経年劣化分などを差し引いた現在の価格です。いまの火災保険は新価で保険金額を設定するものが主流ですが、古いタイプの保険の中には時価のものもあるので注意しましょう。

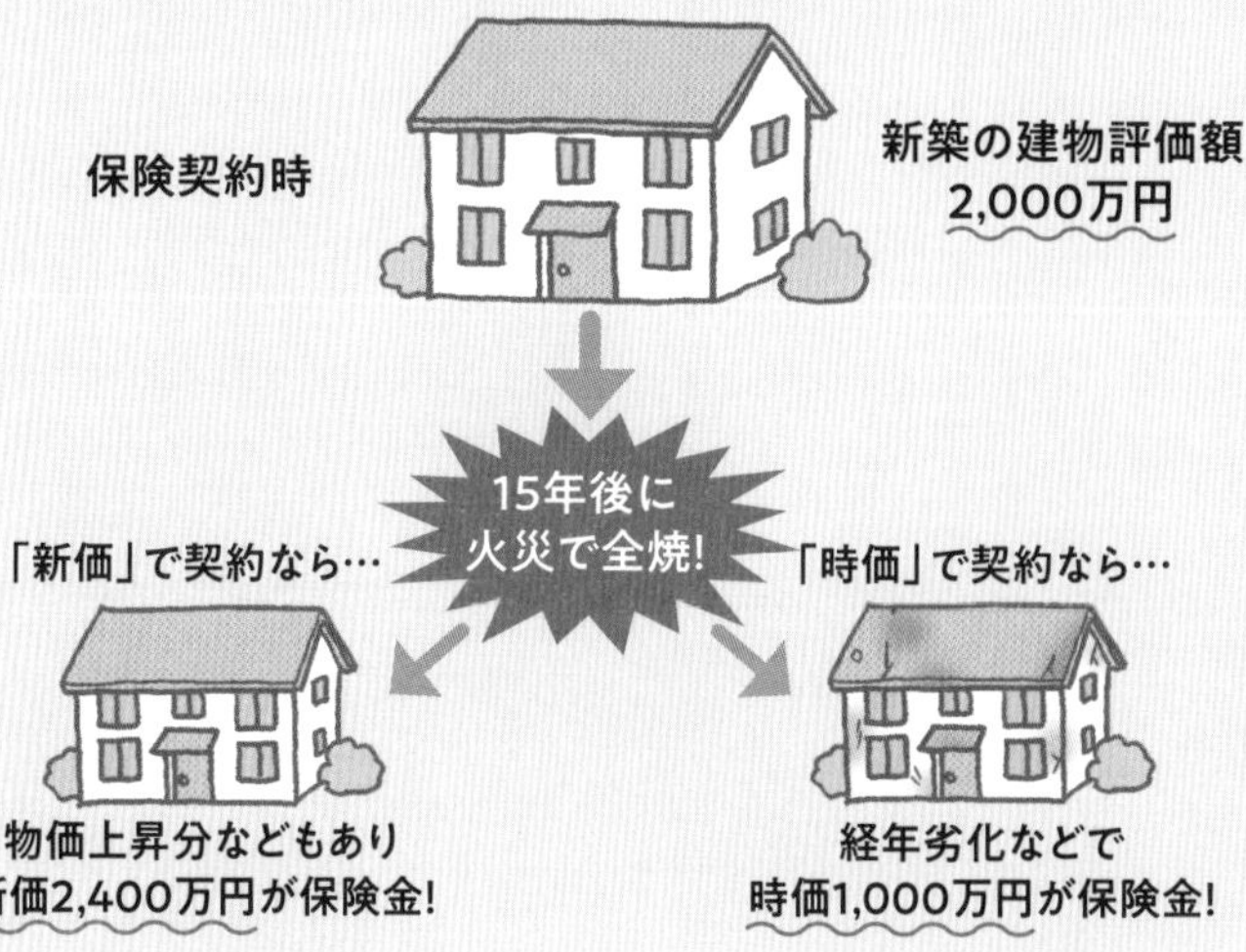

保険契約時
新築の建物評価額
2,000万円
15年後に
火災で全焼！
「新価」で契約なら…
「時価」で契約なら…
物価上昇分などもあり
新価2,400万円が保険金！
経年劣化などで
時価1,000万円が保険金！

火災保険の保険料は、木造（もくぞう）か鉄筋（てっきん）かなど、建物の構造や専有面積、保険金額（補償限度額）などで異なります。保険料を安くするなら補償内容を限定したり、不要な特約はつけないようにしましょう。

また保険金額は「時価（じか）」ではなく「新価（しんか）」で設定しないと十分な補償が得られません。

なお地震保険は火災保険に付帯してセットでないと加入できません。

地震保険の保険金額は主契約の火災保険の保険金額の50％が上限なので、損害のすべてをカバーできないこともあります。

Money 40 Basics

# 自動車保険は なぜ保険料に差がつく?

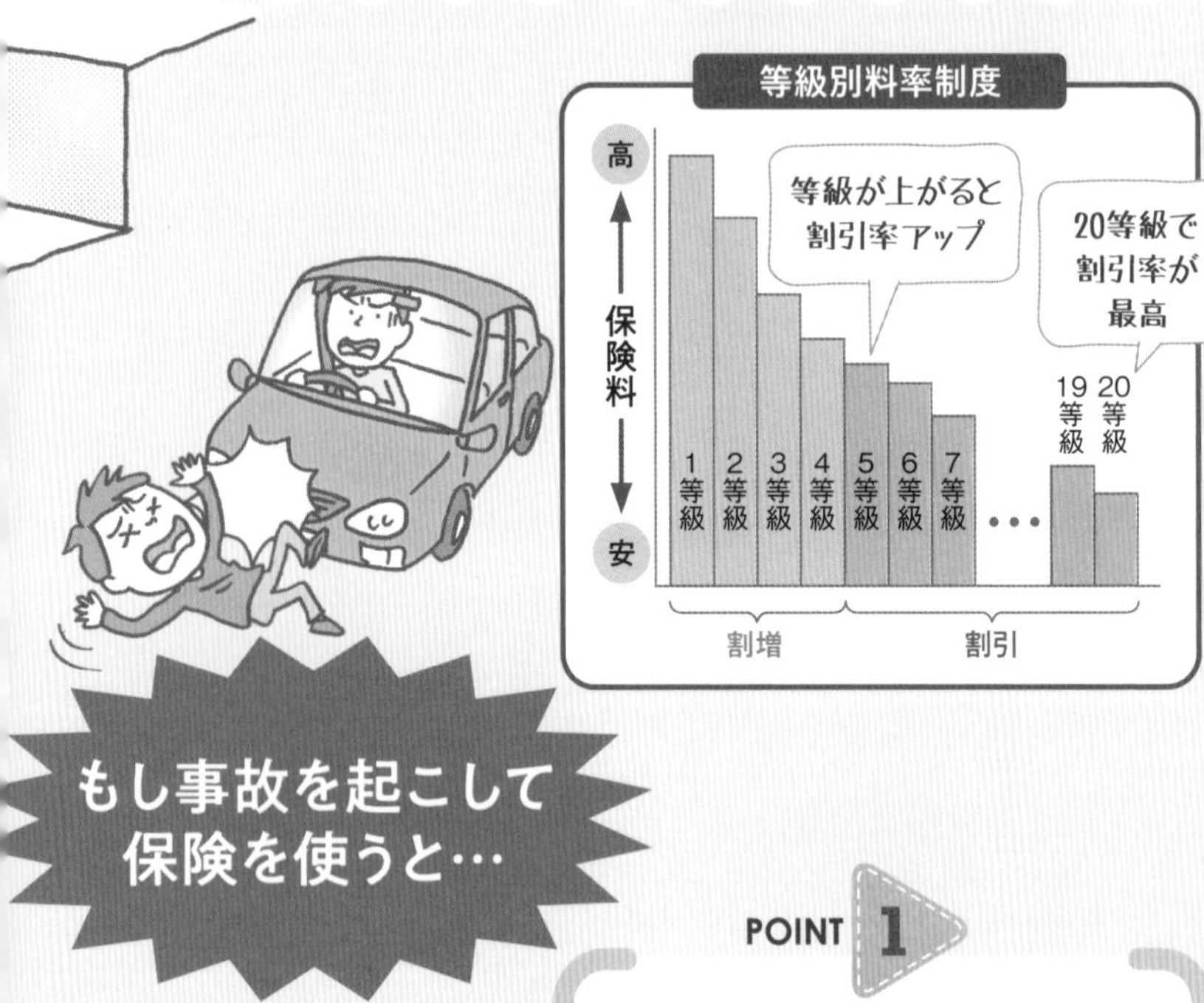


POINT 1

## 等級により保険料が割引・割増になる!

自動車保険の保険料は、等級別料率制度の「等級」によって割引・割増されます。「20 等級・無事故」なら6割以上の割引、「1 等級」だと 10 割以上の割増と大きな差がつきます。

POINT 2

## いろいろな方法で保険料を安くできる!

通販型保険はテレビ CM などで「月々の保険料がこんなに安くなります！」と宣伝していますが、無事故で等級を上げるほかにも、保険料を安くする方法はいろいろあります。

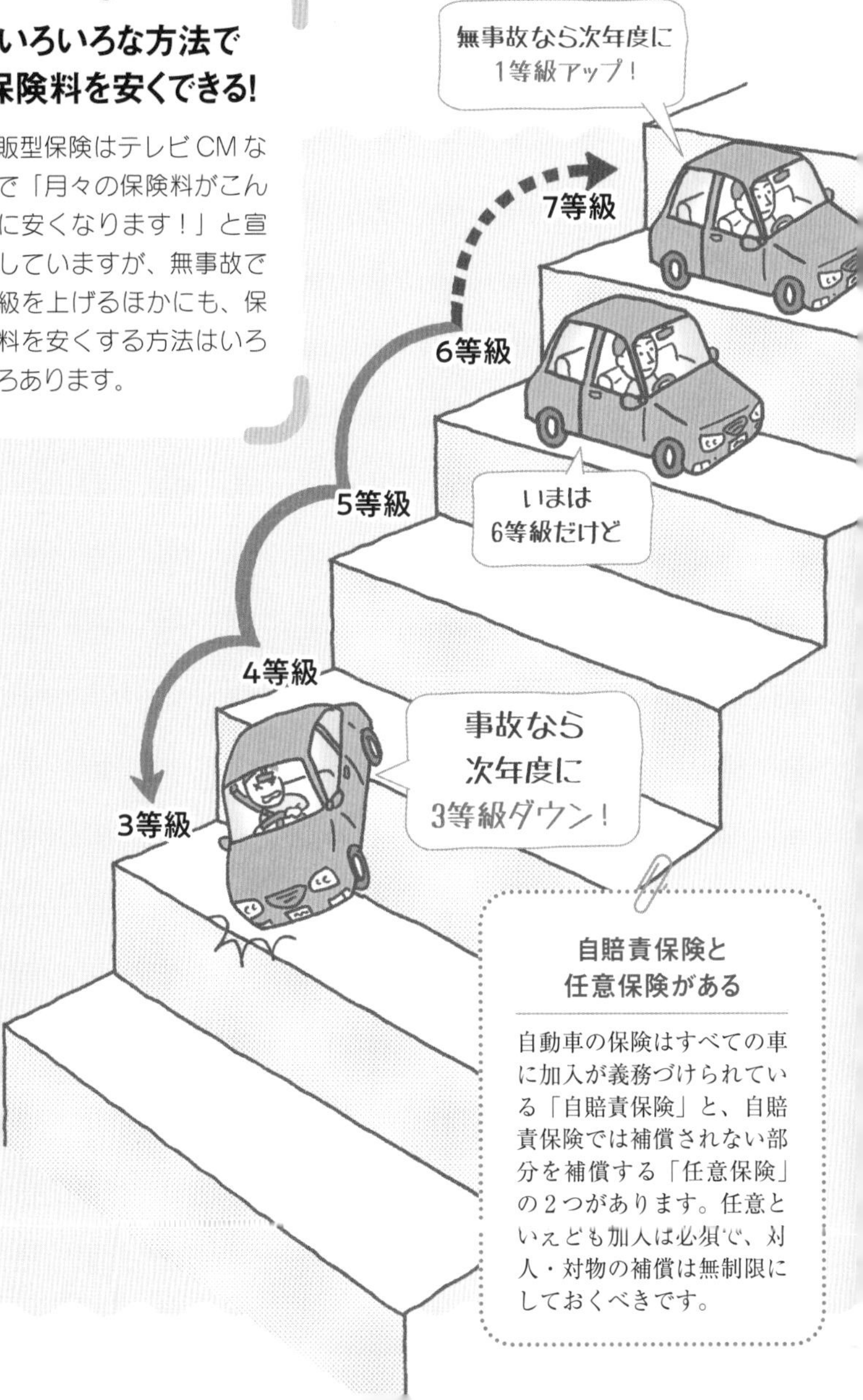


### 自賠責保険と任意保険がある

自動車の保険はすべての車に加入が義務づけられている「自賠責保険」と、自賠責保険では補償されない部分を補償する「任意保険」の２つがあります。任意といえども加入は必須で、対人・対物の補償は無制限にしておくべきです。

POINT 1

# 等級により保険料が割引・割増になる!

## 等級別料率制度の割引・割増率

右表のとおり等級の数が大きいほど保険料の割引率は高くなります。はじめて任意保険に入るときは6等級からスタートし、1年間無事故だと次年度に1等級上がって7等級になり、保険料が安くなります。

もし保険加入の年に事故を起こして保険を使ったら、次年度は3等級下がって3等級になります。3等級だと保険料は割増です。

さらに同じ等級でも「事故有り」と「無事故」に分けられ、事故有りのほうが割引率が低く設定されています。

**ノンフリート等級別料率表**

| 等級 | 無事故 | 事故有り |
|---|---|---|
| 20 | －63% | －51% |
| 19 | －57% | －50% |
| 18 | －56% | －46% |
| 17 | －55% | －44% |
| 16 | －54% | －32% |
| 15 | －53% | －28% |
| 14 | －52% | －25% |
| 13 | －51% | －24% |
| 12 | －50% | －22% |
| 11 | －48% | －20% |
| 10 | －46% | －19% |
| 9 | －44% | －18% |
| 8 | －38% | －15% |
| 7 | －27% | －14% |
| 6 | －13% | |
| 5 | －2% | |
| 4 | +7% | |
| 3 | +38% | |
| 2 | +63% | |
| 1 | +108% | |

自動車の「任意保険」の保険料は、基準となる保険料に対して割増率と割引率を適用して決まります。この率は1等級から20等級の各「等級」ごとに設定され、契約時・更新時の保険料はこの等級が何かで決定します。これが「**ノンフリート※等級別料率制度**」というしくみです。

無事故なら等級は毎年上がり、割引率も増していき、最大で6割以上の割引が受けられます。逆に事故を起こして保険を使うと次回の更新時に等級は下がり、割引率が下がって（または割増になる）保険料が高くなってしまいます。

※保険契約の車の台数が9台以下をいう。

# POINT 2 いろいろな方法で保険料を安くできる!

## 自動車保険料を安くする方法

まず補償内容を必要なものだけにしぼること。そして各種の割引制度を利用することです。また車の型式でも保険料は変わりますし、主な運転者（記名被保険者）の年齢でも変わるので注意しましょう。

**運転者の範囲や補償内容を見直す**

- 本人限定など運転者を限定する
- 車両保険に免責※をつける
- 不要な特約はつけない
  （搭乗者傷害特約、代車費用特約など）

※保険請求時の自己負担分

**割引制度を利用する**

- ゴールド免許割引
- 早期契約割引
- 新車割引
- エコカー割引
- セカンドカー割引　など

保険料を安くする一番の方法は、安全運転で無事故を続け、等級を上げる（落とさない）ことですが、**ほかにも各種の割引制度を利用するなどすれば保険料は安くできます。**

また近年は、保険会社の代理店を通さず、ネットや電話で受け付ける通販型（ダイレクト型）の保険に加入する利用者が増えていますが、これも「保険料が安い」というのが主な理由です。

ただ、どちらも補償内容に大きな違いはないので、資料を取り寄せるなどしてよく比較して、自分に合ったものを選びましょう。

## おわりに conclusion

# ライフプランに適したライフマネーの運用手段を考えよう！

老後の生活には誰しも心配があると思いますが、私たちが暮らす現代社会では公助も充実しており、これを踏まえて適切な自助を用意すればよいことが、本書を通じておわかりいただけたことと思います。

また、お金をつくるには長い時間がかかり、計画性とリスク管理が大事であることも感じ取られたことでしょう。

お金には、私たちが必要なときに、モノやサービスと交換することができる機能があります。私たちの生活を支えて、満足をもたらし、あるいはピンチを救ってくれる心強い味方です。人生の伴走者ともいえる役割を担うお金のことを、ライフマネーと呼びます。とくに老後のライフマネーは、命綱のように大事です。

お金の運用手段は、お金が担う役割に応じて、ふさわしいものを選ぶべきです。大事なライフマネーを、危険な賭けにさらして傷つけてしまわないように、リス

クが極めて高いギャンブル的な運用手段とは距離を取ることを、将来のお金をつくりたいと考えている本書の読者には心がけてほしいと思います。

「光のあるうちに歩きなさい」という聖句（せいく）があります。勤労所得がある現役時代のうちに、ライフマネーを計画的に形成しましょう。老後までの時間がまだまだ長い段階では、わずかな利息しかつかない預貯金だけではなく、経済成長と足並みを合わせて一緒に成長してくれる資産運用手段も活用するとよいでしょう。蓄（たくわ）えた資産を取り崩しながら生活する段階では、大事なライフマネーを傷つけないように、リスクが低い資産運用手段を選ぶとよいでしょう。

人生（ライフ）のプランがあるからこそ、お金（ファイナンス）のプランがあるのです。本書が、お金を通じてライフプランを考え直す、よいきっかけとなれば幸いです。

監修者

**杉山 敏啓**（すぎやま・としひろ）

江戸川大学教授・博士（経済学）

1969年東京都生まれ。聖光学院高等学校卒業、青山学院大学経済学部首席卒業、早稲田大学大学院ファイナンス研究科修了、埼玉大学大学院人文社会科学研究科博士後期課程修了。三和総合研究所入社、三和銀行事業調査部出向、ＵＦＪ総合研究所銀行コンサルティング室主任研究員、三菱ＵＦＪリサーチ＆コンサルティング金融戦略室長を歴任し金融分野の研究開発・コンサルティングに長年従事。この間、立命館大学MOT大学院客員教授、東京大学大学院工学系研究科研究員、京都市会計室金融専門員などを兼務歴任し金融分野の理論と実務の両面に深く携わる。2018年より江戸川大学社会学部経営社会学科教授として金融ビジネス基礎、ファイナンシャル・プランナー育成ゼミ等の講義で教鞭をとる。日本証券アナリスト協会認定アナリスト、証券経済学会員、日本金融学会員。著書（含む共著・監修）に『金融の基本教科書』（日本能率協会マネジメントセンター）、『金融のしくみと金融用語』（日本能率協会マネジメントセンター）、『手にとるように金融がわかる本（監修）』（かんき出版）、『ペイオフ対策のための金融機関評価と選択』（生産性出版）、『銀行の次世代経営管理システム』（金融財政事情研究会）、『金融機関のアウトソーシング』（シグマベイスキャピタル）、『日本金融の誤解と誤算』（勁草書房）、『銀行業の競争度』（日本評論社）など。金融専門誌や学術誌への寄稿、講演、メディア取材対応等の実績多数。



サクッとわかる ビジネス教養　お金の基本

2021年9月25日　初版発行
2024年3月5日　第7刷発行

監修者　杉山敏啓
発行者　富永靖弘
印刷所　公和印刷株式会社

発行所　東京都台東区台東2丁目24　株式会社 新星出版社
〒110－0016 ☎03(3831)0743



ISBN978-4-405-12016-7